古代美術史研究

四 編

第 **12** 冊

竹帛書《周易》書法比較研究

江柏萱 著

花木蘭文化事業有限公司

國家圖書館出版品預行編目資料

竹帛書《周易》書法比較研究／江柏萱 著 — 初版 — 新北市：
花木蘭文化事業有限公司，2019〔民108〕
目 2+294 面；19×26 公分
（古代美術史研究 四編；第 12 冊）
ISBN 978-986-485-552-0（精裝）
1. 書法 2. 帛書 3. 比較研究
618   107011996

古代美術史研究
四 編 第十二冊   ISBN：978-986-485-552-0

竹帛書《周易》書法比較研究

著　　者　江柏萱
總 編 輯　杜潔祥
副總編輯　楊嘉樂
編　　輯　許郁翎、王筑　美術編輯　陳逸婷
出　　版　花木蘭文化事業有限公司
發 行 人　高小娟
聯絡地址　235 新北市中和區中安街七二號十三樓
　　　　　電話：02-2923-1455／傳眞：02-2923-1452
網　　址　http://www.huamulan.tw 信箱 hml810518@gmail.com
印　　刷　普羅文化出版廣告事業
初　　版　2019 年 3 月
全書字數　116735 字
定　　價　四編 23 冊（精裝）台幣 66,000 元

竹帛書《周易》書法比較研究

江柏萱 著

作者簡介

江柏萱，1987 年生於臺北，國立臺灣藝術大學書畫藝術學系博士，現職長榮大學書畫藝術學系助理教授，其作品曾獲高雄獎「何創時書法篆刻類特別獎」，及全國美術展、新北市美展、行天宮人文獎書法創作比賽等多次獲獎；並曾於臺灣、中國、日本、馬來西亞、法國等地舉辦數次個展及受邀參與聯展；著有《黑白點線在我——書畫藝術創作研究》、《竹帛書《周易》書法比較研究》等。

提　　要

　　竹帛（或作簡帛），即竹木簡牘與帛書，是中國古代曾使用逾兩千年的文字載體。一九九四年，上海博物館在香港古玩市場購得一批竹簡，合計有一千二百餘支，經過年代測定，竹簡年代為戰國晚期，內容字體為楚國文字，為眾多戰國書手墨蹟，風貌多變，竹書《周易》收錄於《上海博物館藏戰國楚竹書（三）》，簡文為四位書手所書，書風各具特色。西元一九七三年，出土於湖南長沙馬王堆三號漢墓的帛書約十多萬字，抄寫年代推論大致在秦始皇統一六國（公元前二二一年左右）至漢文帝十二年（公元前一六八年）之間。帛書內容相當豐富，涵括眾多學科，本文研究主題《周易》屬六藝類，依字體、書風判斷應為漢文帝時期所書，已出現成熟的漢隸特徵。

　　本論文主要由書法藝術角度切入，經由用筆方式與線條特徵、文字造形與結體特色、個別空間與整體章法等，諸多具有特色的書寫表現，分析、比較竹帛書《周易》不同的書法風格，並了解所處時代的書風與文字書寫的真實情況，進而探尋戰國時期至漢代的字體演變脈絡；然而不同的書寫載體、工具有時造成書寫上的限制，可能因此形成該書風的特殊性；另外，由於帛書《周易》出土於故楚地，所以也能從文字的使用、通假與假借字等方面，看出楚文字的影響。

目次

第一章　緒　論

第一節　研究動機

　　一九九四年，上海博物館在香港古玩市場購得此批竹簡，合計有一千二百餘支，經過年代測定，竹簡年代爲戰國晚期，內容字體爲楚國文字，爲眾多戰國書手墨蹟，風貌多變，自然天成，當在中國書法史上有舉足輕重的地位。西元一九七三年，出土於湖南省長沙馬王堆三號漢墓的帛書，不僅是繼漢代發現孔府壁中書、晉代發現汲塚竹書、清末發現敦煌卷子之後的又一次重大的古文獻發現，而且是和清末以後陸續發現的甲骨、金文和簡牘書體同樣重要的中國書法史研究的珍貴資料〔註1〕。竹帛（或作簡帛），即竹木簡牘與帛書，是中國古代曾使用逾兩千年的文字載體。早在漢晉，已有竹簡出土的記載，而近代的發現，以一九〇一年新疆尼雅的木簡爲其肇端。一九二五年，王國維先生於演講中將西陲木簡列爲當時四大發現之一；到了七〇年代以後，簡帛重要發現層出不窮，使簡帛的研究形成「簡帛學」這一學科；隨後由於簡帛的性質可分作狹義的書籍與文書（以簡牘爲主）兩類，簡帛學又有進一步細化建立分支的趨向。今天的簡帛學，已當之無愧地是一門有國內外學者從事的顯學了〔註2〕。

〔註1〕　陳松長：〈馬王堆帛書藝術簡論〉，《簡帛研究文稿》（北京，綫裝書局，2008年7月），頁406。

〔註2〕　李學勤：〈序文〉，收錄於陳松長著《簡帛研究文稿》（北京，綫裝書局，2008年7月），頁1～4。

　　二十世紀新出土的簡牘帛書涵蓋內容極廣，學術界於各領域中發表簡帛相關的學術研究亦不勝枚舉，但多於文學、哲學、歷史、政論或風俗文化……等層面進行討論，近年才漸有關於簡帛書法的探討，而對簡帛書風特質或藝術表現的深入研究者仍不多見。本研究選定《上海博物館藏戰國楚竹書（三）》與《馬王堆漢墓文物》所收錄之《周易》墨跡書法為研究主題，期望能從書法藝術的各個層面切入研究，並從其亦敧亦正的自然天真中領略簡帛書法藝術的無限魅力。

第二節　研究目的

　　二十世紀七〇年代以來，新出土的簡帛中大量用當時習用字體書寫的古籍，數量之豐富、內容之珍秘，已超過孔壁、汲塚以及書法史上歷次所獲新碑帖之總和（長沙走馬樓三國吳簡就有十萬枚）〔註3〕，書寫於竹簡與絹帛上的文字為當時代通用的字體，我們可從該時期所使用的文字觀察出字體演變的情況，戰國竹簡文字的出土便吸引了諸多古文字學者的關注，亦在書法界引起一股研究古文字，並進行臨摹、創作的風氣；而秦漢簡牘帛書的抄寫時代正處於中國文字形體發展十分重要的隸變時期，具有重要的歷史地位，而其多變的書風亦存在著特殊的藝術價值，值得我們從各個角度深入研究、探討。

　　此次「竹帛書《周易》書法比較研究」選定上博楚竹書及馬王堆帛書中之《周易》為主題，二本《周易》的文字皆承襲自殷商、西周，雖楚竹書《周易》出土地不明確，但帛書《周易》出土於湖南（為故楚地），為成書時間不同，但成書地點可能關係密切的史料，我們期望從書法藝術的視點，分析、比較包括文字用筆、結體、書風……等各處的異同，進而探討戰國楚系、漢初秦系文字之承襲與遞變的關係，並歸納竹帛書《周易》的藝術價值等。此外，亦期盼為筆者往後的書法創作帶來不同的構成元素，於書法理論與實作中開創新風貌。

〔註3〕　張嘯東，〈20世紀新出土簡牘暨簡牘書署制度綜論〉，中國書法院主編：《簡帛書法研究》（北京，榮寶齋出版社，2009年4月），頁2。

第三節 研究內容

一、研究範圍

（一）上海博物館藏戰國楚竹書與馬王堆三號漢墓帛書

以《上海博物館藏戰國楚竹書（三）》與《馬王堆漢墓文物》所收錄之墨跡《周易》為研究對象。

（二）《周易》六十四卦經文局部

《周易》六十四卦經文中，竹書《周易》僅存三十四卦文字，故比較其書法風格之文字取樣，只針對與帛書《周易》之六十四卦經文重疊之三十四卦內容為研究材料。另外，安徽阜陽漢簡中亦有《周易》出土，可惜殘損較多，但其中有部分較清晰的文字亦可參酌。

（三）已出土的戰國、秦漢簡牘帛書

在各時代地域書風的比較上，除了竹帛書《周易》外，亦需將戰國～秦漢時代的簡牘帛書列為參考依據，以便在書風的考察以及文字變遷上有更全面的了解，進而作出相關議題的探討。

二、研究重點

（一）竹、帛書《周易》之文字特徵與書寫習性

分別探討竹、帛書《周易》的書法藝術特徵，再就其重疊的內容中，抽取出相同文字對照、比較出二者用筆、結體、行氣、章法等書寫習性及特徵。

（二）竹、帛書《周易》之風格特色與藝術價值

將兩本《周易》分別與同批或同時期簡牘略作書風討論後，合其文字結體、用筆及書寫習性等分析後，歸納出竹帛《周易》之書法風格特色與藝術價值。

（三）楚系文字與秦系字之相關隸變現象

竹帛書《周易》內容中除了通假字、異體字、古今字……外，藉由相同文字的相互對照比較，分析不同時地的文字在用筆方式、造形結體上的特性，探討其承襲與遞變，試歸納出「隸變」現象的脈絡。

三、研究限制

（一）未知楚竹書出土時地

上海博物館在一九九四年香港古玩市場發現並購得此批竹簡，經過年代測定此竹簡爲戰國晚期之楚國文字。因爲流散劫餘之物，故出土之時間、地點已無法獲知，只傳聞來自湖北，但至今無確證。因《郭店楚墓竹簡》中〈緇衣〉和〈性自命出〉兩篇於此批竹書內容有重篇，於是有學者推測此批楚竹簡可能同出於郭店墓地，但此論僅是據情況推想，並無確證〔註4〕。

（二）竹書《周易》缺損多

竹書《周易》之六十四卦文字缺損頗多，僅存三十四卦，無法與帛書《周易》之六十四卦內容做全面的對照，故比對其筆法、結體、字相、風格……時，僅能以相互重疊之三十四卦內容爲文字取樣範圍。

第四節　研究方法

一、文獻分析法

參閱針對《周易》之文字考釋、釋讀等相關資料，並蒐集簡帛文字相關研究論著、期刊，尤其以書法藝術角度專論《上博楚竹書》與《馬王堆帛書》之論述，亦研讀有關書法史論、美學、鑑賞、分析等書籍，藉由文獻史料的回顧與分析，探討竹、帛書《周易》之書風與藝術價值。

二、圖像比較法

（一）圖像資料庫

透過電腦高解析度掃描，並將文字建檔、編碼，方便研究時採樣，同時得以放大書跡方便進行文字比對與分析。

（二）量化與質化分析

透過「字形表」作質化比較，探討竹帛書相同文字的用筆、字形、結體等特徵，並將之量化分析。

〔註4〕馬承源：〈前言：戰國楚竹書的發現保護和整理〉，《上海博物館藏戰國楚竹書（一）》（上海，上海古籍出版社，2001年11月），頁2。

「文字資料庫」電腦擷取畫面：竹書單字圖檔

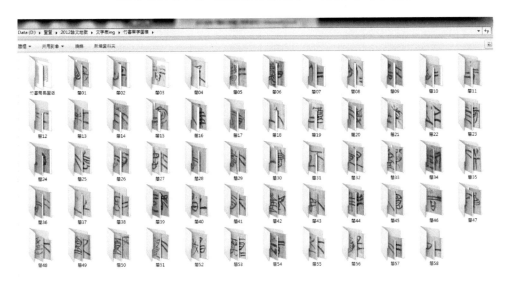

「文字資料庫」電腦擷取畫面：帛書單字圖檔

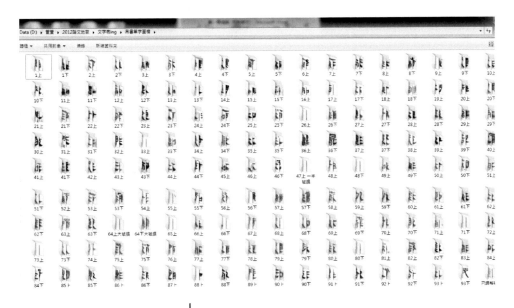

運用「搜尋篩選器」集結竹帛書中欲檢視的單字

「文字資料庫」電腦擷取畫面：單字篩選

　　竹書單字圖檔編碼依竹簡的圖版序號編成，以【簡碼_字序_釋文_今字】順序編製，如 【07_21_審_中】所示，指簡 07 的第 21 字「審」，今字為「中」。而帛書單字圖檔編碼則以《馬王堆帛書周易經傳校讀》〔註5〕一書中，整理者李零根據帛書折疊的斷面加以編號（一上、一下、二上、二下……等）的行序，製成帛書的單字編碼，以【行序_字序_釋文_今字】順序編製，如 【三六下_05_茲_災】，指「三六下」該行的第 5 字「茲」，今字為「災」〔註6〕。可將竹帛書中搜尋到的單字分類，文字結體相同者、部件寫法有可議者、文字演變相關字例……等分別放入不同資料夾，作二者書風比較時即可從中挑選字例。

〔註5〕 張政烺：《馬王堆帛書周易經傳校讀》（北京，中華書局，2008 年）。
〔註6〕 編碼時可能遭遇的情況有（以竹書第一簡為例）：1、有「釋文」，沒有或缺「今字」，如：【01_09_夫_】；2、「釋文」缺，但有「今字」，如：【01_12_躬】；3、有「缺字」亦有「今字」，如：【01_14_q01_攸】（q01 為缺字，需另造字，但會出現檔名不支援的情況）；4、有「釋文」亦有「今字」，如：【01_19_尨_蒙】。

「文字資料庫」電腦擷取畫面：單字分類

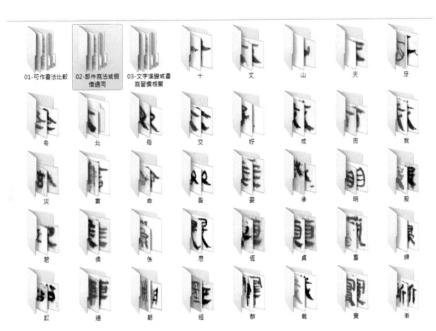

三、統合歸納法

由歷史背景、地域差別等見各地簡牘帛書迥異的書風，又因不同書手而呈現各自獨特的風貌，據此統合戰國楚系文字與漢代承襲自秦系文字的書法風格特色，並歸納出其字體演變的現象。

第五節　主要引用資料分析

一、圖版資料

（一）陳松長：《馬王堆漢墓文物》，湖南出版社，1992 年。

此書收錄帛書《周易》，然因卦序與今本不同，又有稱《六十四卦》，圖版為黑白印刷，墨跡清晰，且經文內容較竹書《周易》完整，為研究帛書《周易》的重要參考資料之一。

（二）陳松長：《馬王堆帛書藝術》，上海書店出版社，1996 年。

本書選錄馬王堆三號漢墓帛書圖版共十五篇，除將馬王堆帛書加以敘述外，又依風格分為「篆隸」、「古隸」、「漢隸」等三種書體，而帛書《周易》

歸為漢隸一類，此書為帛書《周易》與其他馬王堆帛書的書風比較，提供了重要的參考資料。

（三）馬承源主編：《上海博物館藏戰國楚竹書（一）～（七）》（共七冊），上海古籍出版社，2001 年 11 月～2008 年 11 月。

1、《上海博物館藏戰國楚竹書（三）》收錄之竹書《周易》為迄今發現最早的一部《周易》，乃本研究主要的圖版資料，為彩色印刷且精美清晰，於此冊附錄有竹書《周易》、帛書《周易》、今本《周易》之文字比較表，以及詳細的釋文與卦序說明，方便研究時的對照與分析，為重要的參考資料之一。

2、《上海博物館藏戰國楚竹書》第一冊～第七冊所收錄之圖版涵蓋之內容繁多，且書風各異，為竹書《周易》與同批楚竹書提供風格比較的主要圖版資料。

二、研究專書

（一）張力文著：《白話帛書周易》，中州古籍出版社，1994 年 5 月。

本書主要將帛書《周易》六十四卦之卦辭、爻辭作校勘，注釋後又以「今譯」串通句意，每卦後皆有「總釋」說明卦旨，並徵引古籍，將經文中的假借字、異體字詳加說明。此書附錄「帛書《六十四卦釋文》（即帛書《周易》）與通行本《周易》對勘」，方便進行帛書《周易》與通行本《周易》之內容比較。

（二）陳松長編著：《馬王堆簡帛文字編》，文物出版社，2001 年 6 月。

本文字編將馬王堆簡帛分為六類共四十四篇，本研究範圍篇目即屬「六藝類」之《周易·六十四卦》，全編共分三部分－單字、合文、附錄（存疑字），收錄單字 3226 個，重文 9566 個，合文 15 個，存疑字 39 個。文字按原物照片取樣，以電腦統一大小，且在每一個字頭下註明篇名、行數與詞例，方便馬王堆帛書各篇字形比較的查閱。

（三）蔡靖泉著：《楚文化流變史》，湖北人民出版社，2001 年 10 月。

本書描寫楚文化在西漢中期轉化為漢文化後，和中國文化產生諸多共通性，對秦漢以後的文化發展影響極其深遠。本書主要闡述楚文化於秦漢以來之中國文化發展過程的流變，提供了楚文字時代背景的研究資料。

（四）湯餘惠著：《戰國文字編》，福建人民出版社，2001 年 12 月。

本書收錄戰國時期銅器、兵器、陶器、封泥、璽印、竹簡、帛書等文字共約二萬字，並按秦、楚、三晉、齊、燕五系文字，對所收之文字略加甄別，所收字樣易於觀察文字之原貌，以便於查閱比對。

（五）沈頌金著：《二十世紀簡帛學研究》，學苑出版社，2003 年 8 月。

本書爲作者博士論文編訂而成。書中針對整個二十世紀出土簡帛的發掘、整理、研究之脈絡，論述十分深入。附錄《簡帛學大世紀》及《簡帛學論著目錄（1998~2003）》更提供本專題研究珍貴的參考資料。

（六）李守奎編著：《楚文字編》，華東師範大學出版社，2003 年 12 月。

本文字編是編者在其博士論文基礎上訂補而成，收字材料截止於 2000 年之前所公佈的出土史料。本書編排依《金文編》體例，且按《說文》部首之次第排列字形，對異體字、疑難字等考證嚴謹，於楚文字字形研究上極具參考價值。

（七）劉大鈞著：《今、帛、竹書《周易》綜考》，上海古籍出版社，2005年 8 月。

本書以今本《周易》、帛書《周易》、竹書《周易》爲三種主要文本，作內容比對及文字考釋，並考證其中疑難卦爻辭，而書中亦詳細分析比對了經文內容之通假字、異體字、古今字等，對文字的釐清提供重要觀點。此書附錄「今、帛、竹書《周易》六十四卦異文對照表」，明確整理出三本《周易》文字內容之異同，極具參考價值。

（八）陳松長著：《簡帛研究文稿》，綫裝書局，2008 年 7 月。

該書集作者二十年來所發表過之簡帛研究相關論述文章，依主題分爲簡牘研究、馬王堆帛書帛畫研究、簡帛書法研究、簡帛研究譯文等四個部分，其中〈馬王堆簡牘書法藝術散論〉、〈馬王堆帛書藝術簡論〉、〈從湖南出土簡帛看秦漢之際的隸書風貌〉……等諸篇對簡牘帛書的書法論述，爲本研究提供了重要的參考資料。

（九）中國書法院主編：《簡帛書法研究》，榮寶齋出版社，2009 年 4 月。

此書內容爲中國藝術研究院中國書法院組織編撰的《中國書法史論叢書》中，以簡帛書法爲研究內容的學術活動所徵集的十餘篇論文，包含了簡牘帛書的各個方面：20 世紀初以來簡牘帛書出土狀況及不同時期的書法風格特點；從簡牘帛書分析書風書體的演變；探討書寫工具和材料對書風的影響；

當代超越傳統思維借鑒簡牘帛書的可能性……等。此書基本反映了書法界在該領域的最新研究成果，對研究簡帛書法有重要的參考價值。

三、單篇論文

（一）林進忠：〈傳李斯刻石文字非秦篆書法實相—戰國秦漢篆隸書法演變的考察〉，《藝術學》研究年報第四期，藝術家出版社，1990 年 3月。

此論文論述殷商至秦漢的文字特徵與書法風格，對六國古文的書法有詳盡描述，並針對篆隸字體的演變、隸書的起源與形成進行解說與論述，為研究戰國楚系文字與秦系文字的承襲遞變關係及書風的重要參考文獻。

（二）蔡崇名：〈郭店楚墓竹簡之書法藝術與價值〉，《1998 年書法論文選輯》，蕙風堂筆墨有限公司，1999 年 3 月。

本論文歸納出郭店楚墓竹簡之書法風格有：一、端莊緊密；二、婉柔細密；三、端整遒麗；四、寬博典雅；五、清麗俊秀等，並論述楚文字的藝術價值，為楚文字書法藝術研究的參考資料之一。

（三）林進忠：〈楚系簡帛墨跡文字的書法探析〉，《海峽兩岸楚文化學術研討會論文集》，歷史博物館，2002 年 1 月 18~19 日。

本論文從古代文字變遷中，分析楚系簡帛的文字資料，歸納其地位屬性、字體字相，並於賞讀中分析楚文字之結體、用筆……等，進而探討「民間俗體」與「官方正體」、東周文字「本相」與「變相」等問題，文中諸多論述皆有助於理解楚系文字的書法本質。

（四）曾憲通：〈戰國楚地簡帛文字書法淺析〉，《長沙三國吳簡暨百年來簡帛發現與研究國際學術研討會論文集》，中華書局，2005 年 12月。

本論文以文字學角度分析戰國楚系簡帛文字的特點：俗體字大量湧現、地域性特徵非常明顯、許多字形與古文一脈相承等。文中亦針對楚文字的書寫風格加以分析，於楚文字書風研究上極具參考價值。

四、學位論文

（一）蕭世瓊：《馬王堆帛書文字研究》，國立台灣師範大學碩士論文，1997 年 6 月。

　　本論文以「馬王堆帛書文字」爲研究對象，分別探討其內容、斷代與文字特徵、隸變現象，以及書法藝術之析辨。於文字隸變的原則與其影響論證頗爲詳盡，也描述馬王堆帛書及秦漢簡牘帛書的藝術特徵等，爲研究馬王堆帛書的重要參考資料。

　　（二）謝榮恩：《包山楚簡書法藝術風格探析》，國立臺灣藝術大學碩士
　　　　　論文，2005 年。

　　本論文作者於用筆、單字結構、行氣章法上進行書法風格分析，將包山楚簡的書寫風格區分爲十七類，探討文字的線條、體勢等，再就繪畫造形原理分析佈局，提供了研究分析時的參考。

　　（三）吳雲燕：《馬王堆漢墓帛書通用字研究》，華東師範大學碩士論文，
　　　　　2006 年。

　　作者從文字學角度探討馬王堆帛書中的異體字、古今字、通假字以及訛誤字，並製作表格，其中通假字高達 79％，乃因其爲近年出土，未遭後人刪改，能反映該時代的用字情況。

　　（四）王忠仁：《帛書《戰國縱橫家書》之書法研究》，國立臺灣藝術大
　　　　　學碩士論文，2009 年 6 月。

　　此論文結合數位化電子資料庫，從書法藝術的角度探討《戰國縱橫家書》的各項特質，概述背景資料外，主要分析該帛書文字之用筆、結體、行氣、章法、墨法等，探討出秦漢之際文字隸變下的形構特徵，以及歸結縱橫家帛書的書法藝術價值等結論，諸多論點與分析方式可爲本研究提供許多參照。

第二章　竹帛書《周易》背景資料

第一節　上博楚竹書與馬王堆帛書背景概述

一、上海博物館藏戰國楚竹書之發掘

　　一九九四年，上海博物館在香港古玩市場購得此批竹簡，合計有一千二百餘支，經過年代測定，竹簡年代爲戰國晚期，內容字體爲楚國文字。因竹簡爲流散劫餘之物，故出土之時間、地點已不得而知，只傳聞來自湖北。一九九七年，上海博物館完成所有竹簡的脫水和去汙工作，並著手文字內容的整理和注釋〔註1〕。二〇〇一年十二月，上海古籍出版社出版《上海博物館藏戰國楚竹書（一）》，至二〇一二年止，共出版了九冊。

　　這批竹簡共八十餘種，包括原存書題二十餘篇，都是秦始皇焚書坑儒以前的古籍，內容涉及哲學、文學、歷史、宗教、軍事、教育、政論、音樂、文字學等，以儒家類主，兼及道家、兵家、陰陽家等，根據考據應爲楚國遷郢都以前貴族墓中的隨葬物〔註2〕，這些都是極爲珍貴的佚書，對各個領域而言，都是文化研究不可或缺的第一手資料。

　　上博楚竹簡共有一千二百餘支，總計達三萬五千字，竹簡尺寸最長 57.2

〔註1〕　馬承源：〈前言：戰國楚竹書的發現保護和整理〉，《上海博物館藏戰國楚竹書
　　　　（一）》（上海，上海古籍出版社，2001 年 11 月），頁 1～4。
〔註2〕　陳燮君：〈序文〉，引自《上海博物館藏戰國楚竹書（一）》（上海，上海古籍
　　　　出版社，2001 年 11 月），頁 2。

公分，最短 23.8 公分，寬約 0.6 公分，厚約 0.1 至 0.14 公分。編繩有兩道，也有三道（較長的竹簡），質料爲絲。竹簡右側皆加工有契口，契口呈凹狀，每簡契口處皆有編繩結，固定上下左右，方便卷啓收〔註3〕。

二、馬王堆三號漢墓帛書之發掘

　　一九七二年，湖南省長沙市東郊五里牌外，中共解放軍原欲建一軍醫院，卻無意發現一座保存完好的古墓。一號墓挖掘的過程中，又意外發現另一座大墓，墓編爲三號墓，一九七三年開始挖掘，出土了絲織品、兵器、漆器等文物，其中最爲珍貴的是在一黑色漆盒中發現了一批帛書，多達三十多種。

　　馬王堆三號漢墓出土的帛書約十多萬字，抄寫年代根據其避諱情況與帛書中的明確紀年，如《陰陽五行》甲篇中「廿五年、廿六年」指秦始皇二十五、二十六年，即公元前 222、221 年，《五星占》中有「文帝三年」（即公元前 177 年）等，推論出馬王堆帛書抄寫年代大致在秦始皇統一六國（公元前 221 年左右）至漢文帝十二年（公元前 168 年）之間。內容大多用墨抄寫在生絲織成的黃褐色細絹上，絹幅分整幅和半幅，整幅的幅寬約 48 釐米，半幅的幅寬約 24 釐米，有的用墨或朱砂在帛上勾出便於書寫的直行欄格，即後世所言之「烏絲欄」和「朱絲欄」。每行約抄寫七十至八十字，半幅每行約二十至四十字不等，篇章間多用墨釘、墨點或朱點作區別，篇名一般在全篇的末尾隔一行兩個字的空隙後標出，並多記明篇章字數〔註4〕。

　　馬王堆帛書內容豐富，涵括眾多學科，大致可分爲：六藝、諸子、兵書、術數、方技、其他等六大類，《周易》屬六藝類。陳松長將帛書字體分「篆隸」、「古隸」、「隸書」三類（此處概略列出，將於第四章再作說明）：

　　　　（一）篆隸：如〈陰陽五行〉甲篇、〈五十二病方〉、〈養生方〉。

　　　　（二）古隸：如〈老子〉甲本、〈春秋事語〉、〈戰國縱橫家書〉。

　　　　（三）隸書：如〈周易〉、〈老子〉乙本、〈相馬經〉。

〔註3〕 陳燮君：〈序文〉，引自《上海博物館藏戰國楚竹書（一）》（上海，上海古籍出版社，2001 年 11 月），頁 3。

〔註4〕 陳松長：〈馬王堆帛書藝術簡論〉，《簡帛研究文稿》（北京，綫裝書局，2008年 7 月），頁 406～407。

三、漢初以前的書寫工具與材料

文字須經由「書寫」才可能有「書法」的出現，而「書寫」則必須借助材料、工具等作爲媒介，於是特殊的書寫媒材往往容易對書法本身產生不可忽視的影響，所以在評析文字、書法的相關現象時，有時也需將所使用的筆、墨，以及材料的質地、規格等列入考慮，因爲這些外在因素可能對文字的書寫與字體演變產生關鍵性的作用，於是，在深入討論時代的文字形體、線條特質等「書法」問題前，還必須了解當時代的書寫工具與材料。

（一）竹與帛

古代各種書寫材料之使用，大體可分爲三期：一是竹木簡牘，二是縑帛，三是紙。縑帛始用於公元前五六世紀，結束期略晚於簡牘。竹木與縑帛參雜使用約一千餘年，帛紙共存約五百餘年，簡牘和紙並行約三百餘年〔註5〕。儘管今日所發現最早的簡冊爲戰國時期之物，但從甲骨文的「冊」、「典」（象竹簡編成冊之形）等字即可見殷商時已將竹簡作爲書寫材料。而三種書寫材料，簡牘使用時間最長，帛最短，紙張則使用至今。簡牘中，最先使用竹質，木牘較晚，因爲材質的選擇與時代背景有關，須考慮其實用性與普及性。侯開嘉分析過書寫材料選擇需考慮其具備的條件：

一是材料要量多、易得、價廉；二是易於大量製作；三是方便夏商時期甚至夏代以前一段時期內，竹已具備以上條件並施用於實用書寫。在更理想的紙張尚未出現之前，竹木材質無疑是最佳書寫材料〔註6〕。關於簡牘的製作，王曉光曾敘述：

> 從竹的片解開始，必須先將整竹截爲一定長度的圓筒，再剖成一定寬度的窄條。成型竹桶要進行殺青。新竹含水分，易變形，易朽蠹，所以需以火炙烤。剖解成型的竹條還要進行削皮、整平等修治。文字一般書於竹皮的另一面，即「竹里」。加工簡牘的工具有鋸、斧、錛、鑿、刨、鉆、削等〔註7〕。

〔註5〕　王曉光：《秦簡牘書法研究》（北京，榮寶齋出版社，2010年11月），頁251～252。

〔註6〕　王曉光：《秦簡牘書法研究》（北京，榮寶齋出版社，2010年11月），頁255～256。

〔註7〕　王曉光：《秦簡牘書法研究》（北京，榮寶齋出版社，2010年11月），頁255～256。

　　從考古發現看戰國、西漢墓葬中出土過鋸的實物，可知鋸的使用甚早。其他工具在考古發掘中也有不少實物出土。如 1957 年在河南信陽長台關 M1楚墓中發現了一件工具箱，內裝銅削、銅錛、銅刻刀、鐵刻刀、銅錐、毛筆等十多種簡牘修治工具及文具；1965 年考古工作者在湖北江陵望山 M1 楚墓中發掘出一文書工具盒，內裝銅削、銅錛、銅鐵刻刀、粗細磨石等工具，較大的工具做粗加工，小些的工具做細加工，簡牘最後要以粗、細磨石打平磨光。

<h2 style="text-align:center">江陵望山M1 楚墓出土的文書用具</h2>

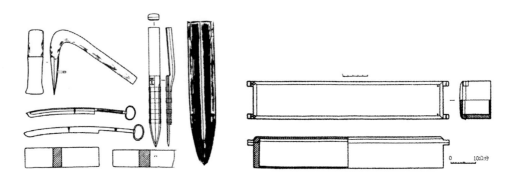

（圖版來源：《秦簡牘書法研究》）

　　在竹簡上書寫，應該是古代最早、使用時間最長的日常書寫形式，而關於竹簡的形制，1975 年 12 月在湖北睡虎地 11 號秦墓出土的記載秦代法律條文的竹簡長度，按 23.3 公分為一漢尺計算的話，只有一尺二寸（文獻記載簡冊長度為三尺）〔註8〕。考察出土實物便發現簡冊的長度與文獻所記載的規定不符，表示簡冊的長度於當時並未完全標準化。單獨的簡片長而窄，漢代以前的竹簡寬 0.6 至 1.2 公分，以 0.7 公分左右的簡片最常用，每簡只容一行文字，自上而下書寫。王曉光認為這種因上古書寫材料所決定的單行下行寫法成為歷史悠久的寫法，一直沿用下來，使得晚於簡的木牘雖可以書寫多行，但直下左行格式與簡冊同，縑帛書寫也一樣，所以牘、帛等的書寫格式可能均承自竹簡冊的書寫、行文格式。契銘類文字，如甲骨文和今文的行款同樣本於簡冊行文式樣。簡冊書寫對漢字形態、結構也有影響〔註9〕。至於

〔註8〕　孫鶴：《秦簡牘書法研究》（北京，北京大學出版社，2009 年 7 月），頁 63～64。

〔註9〕　王曉光：《秦簡牘書法研究》（北京，榮寶齋出版社，2010 年 11 月），頁 259。

後書寫於篇幅較大的絹帛或紙張時也爲直行格式，是否正是因簡冊行文格式影響，或爲書寫者本能地追求畫面的整齊、美觀等審美需求，筆者認爲似還存在討論空間。

（二）毛　筆

　　從新石器時代仰韶文化的彩陶圖案花紋，可看出其應是用毛筆所繪，可見「筆」的使用在「文字」之前。1954 年湖南長沙左家公山戰國時期的楚國墓葬中發現了一套完整的書寫工具，有毛筆（附有筆管）、竹片、青銅削刀、小竹筒（盛墨用）四種文物，均放在竹筐內。毛筆全身套在一支小竹管內，筆桿長 18.5 公分，直徑 0.4 公分，此筆的製作是將筆桿的一頭劈開，用好兔箭毛製成筆毛，夾在裡面，再用絲線纏住，外面塗漆。1957 年河南信陽楚墓出土一個書寫工具箱，內有毛筆（附有筆管）、削刀以及製造竹簡坯料用的青銅工具等共十二件文物。該墓出土的毛筆，其桿爲竹竿製成，長 23.4 公分，桿徑 0.9 公分，毛鋒長 2.5 公分。筆毛也是用細線捆紮在筆桿的一端。荊門包山 2 號墓出土一支葦質筆桿，筆毫上端用絲線捆紮後套在筆桿下端的銎孔裡，全長 22.3 公分，筆毫長 3.5 公分〔註10〕。而我們所關注的是，當時毛筆在書寫中對線條表現的重要性：

　　　　秦簡牘書的線條的藝術性，也正因紫毫硬挺且富於彈性的特質
　　才能表現：硬挺保證了線條的挺拔剛健，有彈性才能在書寫中調轉
　　自如。這樣的毛筆，才有利於書寫出篆中有隸、圓中帶折的秦簡牘
　　書樣式〔註11〕。

對於「秦筆」，福田哲之特別指出江村治樹在〈戰國·秦漢簡牘文字の變遷〉（《東方學報》第五十三冊，1981 年）中提出的論點——秦簡文字與筆的關係：

　　　　睡虎地秦簡的文字因爲像是用筆尖平鈍之筆所寫出的文字，可
　　能是用平筆系的筆所寫成，所以睡虎地秦簡中的方折樣式因秦國特
　　有之筆所形成〔註12〕。

再者，《青川木牘》與《睡虎地秦簡》的文字在字形與樣式兩方面十分接近，

〔註10〕熊傳薪主編：《楚國·楚人·楚文化》（台北市，藝術家出版社，2001 年 11
　　　　月），頁 166～167。
〔註11〕孫鶴：《秦簡牘書法研究》（北京，北京大學出版社，2009 年 7 月），頁 65。
〔註12〕福田哲之著，佐藤將之、王琇雯合譯：《中國出土古文獻與戰國文字之研究》
　　　　（台北市，萬卷樓，2005 年 11 月），頁 170～171。

幾乎難以辨認出時代差距一事來推測，秦國在戰國中期以前嚴格實施國家主導的文字統治，秦筆的使用可能是其具體的手段，具有重要的意義〔註13〕。由此說來，秦國可能因秦筆的使用，或「只使用秦筆」，而造成有別於楚簡的「柳葉形」圓弧線條樣式，即使書手不同，也因使用同樣特性的筆而產生相似的板狀線條與方折筆畫，當然，這樣的假設可能尚須更多的出土實物作為佐證（證明秦筆與楚筆的確具有不同的特質），但無論如何，有學者產生這樣的臆測可顯示書寫工具對書法本身產生的影響絕對是不容小覷的。

（三）墨與硯

秦漢以前人造墨多為墨塊或粉末狀，有長方形、圓柱形或瓜子、小圓片等顆粒狀，體積較小，顆粒大的也不超過二、三公分見方，《齊民要術‧筆墨篇》稱製墨「寧小不大」〔註14〕。目前出土的最早墨錠實物是 1980 年代初期湖北江陵一座小型楚墓發現的，該墨錠出土時放在一個小墨盒內，盒內有一層厚汙泥，幾乎將墨錠全部包裹住，盒底部還殘留有墨之乾涸後的殘渣，呈碎片狀，墨錠的外形呈不規則的蒜頭狀，中間部分最細，最大外徑不足 0.8 公分，整個表面比較粗糙，說明此墨錠可能是手工捏製而成的，而不是通過模具成型的。墨錠的下部有研墨後的痕跡，研磨面呈微凸的斜面狀，與墨錠其他部位相比，研磨面要光滑得多。該研磨面與墨錠縱軸線間的夾角大約為 40 度至 50 度，表明它是一塊實用品，並且是經過研磨來使用的。從多批楚墓出土的竹簡上的文字看，楚墨質地已比較細膩，用膠適當，遮蓋力較強，出土的竹簡經過兩千多年地下水的浸漬，至今許多字跡保存完好，這也說明楚人製墨的水準相當高〔註15〕。到了西漢時期已有和膠製成的墨錠，但仍不是大塊的墨錠樣式〔註16〕。

至於古時的硯，已有多處西漢墓出土石硯或硯板，但漢以前的硯具十分稀少，但出土有墨盒或呈墨的竹簡，估計當時的楚國人是將墨預先磨好後，存在墨盒（筒）中，以便隨時取用〔註17〕。

〔註13〕 福田哲之著，佐藤將之、王琇雯合譯：《中國出土古文獻與戰國文字之研究》（台北市，萬卷樓，2005 年 11 月），頁 170～171。

〔註14〕 王曉光：《秦簡牘書法研究》（北京，榮寶齋出版社，2010 年 11 月），頁 268～269。

〔註15〕 喻燕姣：〈楚國的用具〉，熊傳薪主編《楚國‧楚人‧楚文化》（台北市，藝術家出版社，2001 年 11 月），頁 166～167。

〔註16〕 王曉光：《秦簡牘書法研究》（北京，榮寶齋出版社，2010 年 11 月），頁 269。

〔註17〕 喻燕姣：〈楚國的用具〉，熊傳薪主編《楚國‧楚人‧楚文化》（台北市，藝術

雲夢睡虎地秦墓出土硯墨　　　　鳳凰山西漢墓出土硯墨

（圖版來源：《秦簡牘書法研究》）

　　從以上書寫載體與工具的敘述可大致了解漢以前的書寫媒介，進而觀察簡帛文字與金石銘文，載體、工具的差異對文字在書寫與刻鑄間帶來何種影響？又「書寫」在時代的演進中，字體與筆畫形態產生何種變化？皆爲十分有趣且值得探討的問題。有學者從簡牘形制推測出隸變的線索，認爲載體結構影響書寫格式，除產生一定的限制，也造成文字形體結構上的變化，王曉光認爲：

　　　　早期文字象形者居多，一些表示動物的象形字如「馬、犬、豕、鹿」等本爲橫勢（橫長）形態，後來逐漸演變爲頭上足下的縱勢字形，這即是簡片形制所限，字可以加長但不能過寬，過寬就抄出簡片狹小的橫向空間，所以這類橫長字逐漸發展爲縱長形。然而縱長字形又容易造成字間長短不一，有的縱勢字比一些短小字長出三四倍。在竹簡形制限定下，先民們爲了改變這種情況，採取的方法是：改變單字部件的部位，儘量減少上下結構，或變上下結構爲左右結構，或把某一部件移入另一部件內，或將一部件縮至該字的一角，這樣在寬度固定的前提下，所組成的單字就要緊密，繁瑣一些，但避免了過長、過寬，和其他單字不致個頭相差太大。除卻變橫爲縱，化繁爲簡，勻整字形大小外，簡冊形制也有進一步釐正字形，使之趨向正方的作用〔註18〕。

家出版社，2001 年 11 月），頁 166～167。
〔註18〕王曉光：《秦簡牘書法研究》（北京，榮寶齋出版社，2010 年 11 月），頁 259。

　　由於竹簡左右的窄迫、上下的壓力等，使單字趨於正方或扁方，筆畫避免過長。但需特別說明的是，正方或扁方字形主要還是在周－秦系簡牘書寫中逐漸演變而來的，這恐怕緣於秦系俗書個性書寫習慣（比如秦簡牘書寫性簡化方式），以及秦人的構字方式（比如均衡、平行、等距點線組構等等）。與之形成對比的是，楚系簡書就稱不上有正方的字形趨向。出於實用和節省材料的需要，為使單枚簡片上能容納更多文字，只有將字形寫得扁些，這種時時存在的縱向擠壓趨向，加之簡片寬度的阻限，促使漢字字形向正方、橫扁演進，同時越來越趨於形體的規整、協調〔註 19〕。而以上這些形體變化，特別是橫扁化的動機，常被學者們認為合於「隸變」的趨向，這也是我們在討論字體演變時，常必須將當時代書寫媒材與工具一併納入討論的主要原因之一。

第二節　竹帛書《周易》之內容概述

一、戰國楚竹書《周易》之形制與內容

　　竹書《周易》共五十八簡，計一千八百零六字，涉及三十四卦內容。完整竹簡長 44 公分，寬 0.6 公分，厚約 0.12 公分，三道編繩〔註 20〕。一支完整的竹簡約書寫四十四字，書體嚴謹工整，大小、字距基本等同，每卦文字約佔二簡或三簡。竹書《周易》在形式上有「卦畫」、「文字」、「符號〔註 21〕」三種表示（關於竹書《周易》特有的符號形式已有幾篇相關論述文章，如近藤浩之〈上海博物館藏戰國楚竹書《周易》的「首符」與「尾符」〉〔註 22〕、李尚信〈楚竹書《周易》紅黑符號與卦序問題〉〔註 23〕等），而文字又包含「卦名」、「卦辭」、「爻名」、「爻辭」等組成。每卦書寫格式依序為：「卦畫」、「卦名」、「首符」、「卦辭」、「爻辭」、「尾符」，尾符後不加書寫。楚竹書《周

〔註 19〕王曉光：《秦簡牘書法研究》（北京，榮寶齋出版社，2010 年 11 月），頁 259。
〔註 20〕濮茅左：〈說明〉，《上海博物館藏戰國楚竹書（三）》（上海，上海古籍出版社，2003 年 12 月），頁 133～135。
〔註 21〕竹書《周易》出現一些組合符號，不見於出土文獻與傳本《周易》，符號形式有六種，以黑、紅的「方形」或「匸形」單獨或組合表示。
〔註 22〕資料來源：簡帛研究網，http://jianbo.sdu.edu.cn/admin3/2008/jintenghaozhi001.htm，2010 年 5 月 2 日瀏覽。
〔註 23〕資料來源：簡帛研究網，http://jianbo.sdu.edu.cn/admin3/2008/lishangxin001.htm，2010 年 5 月 2 瀏覽。

易》有經無傳，經文內容多半與今本相同，又因竹簡僅有三十四卦文字，故其卦序編排暫按今本。

竹書《周易》符號示意

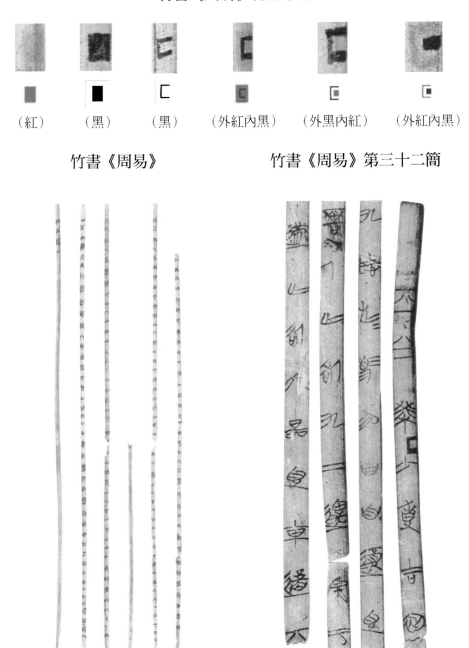

竹書《周易》　　　　　　竹書《周易》第三十二簡

二、西漢帛書《周易》之形制與內容

　　帛書《周易》帛幅高約 48 公分，寬約 85 公分。文字內容分為〈六十四卦〉、〈六十四卦〉卷後佚書、〈繫辭〉三部分，共約二萬一千餘字。書寫年代為漢文帝初年（約公元前 180～170 年）。本研究之〈六十四卦〉經文共九十三行，每行約六十四至八十一字不等，計四千九百餘字。每卦單獨起行，卦畫標在朱絲欄行格頂端，之後為卦名、卦辭、爻辭。卦辭與爻辭、爻辭與爻辭之間均以墨點斷句〔註24〕。

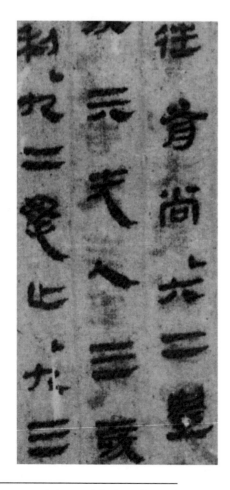

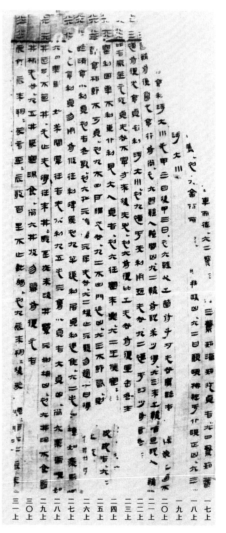

〔註24〕張力文：〈帛書周易淺說〉，《白話帛書周易》（河南，中州古籍出版社，1994年 5 月），頁 1～2。

第三節　竹帛書《周易》之研究概況與歷史價值

我們能從大量出土的文物中，窺探戰國時期到漢代的政治社會情況、風俗民情、審美意識等，如器物可知楚人的生活、器物上繁複瑰麗的裝飾可知楚人的審美意識形態，青銅禮器可知當時的禮制、服飾可知的「時尚」（平民的「獵戶」圖像與貴族的「絳衣博袍」、「玄冠朱絀纓」的裝束〔註25〕）等，而簡帛文獻的內容，也是了解當時社會文化的重要史料，如從《包山楚簡》、《鄂君啓節》等知楚國的法制與官制，《楚帛書》是現存最早的數術類文獻說明了當時對天文了解的情況，馬王堆漢墓出土的《老子》甲、乙本與郭店楚墓出土的《老子》抄本可與今本互相對照，富有重要的學術價值。

眾多簡帛文獻中，楚竹書《周易》是迄今為止所發現的最早一部《周易》。它的出現為我們了解、研究先秦時期的易學提供了可靠的文物資料，在中國易學史上有著重要的意義。儘管有一部分竹簡失散，但是，我們從中還是可以看到先秦時期《周易》文本的基本面貌。特別是楚竹書《周易》中出現一組失佚了二千餘年的易學符號，這些符號至少在馬王堆漢墓帛書《周易》中已不見存在，這是易學史上的大事，它的形式、內涵有著特殊的意義，這為我們認識、研究先秦易學又提出了一個新的重要課題〔註26〕。

陳仁仁從楚竹書《周易》整理出幾項目前所能了解的特點〔註27〕，如：

（1）它是目前最早的《周易》本子。

（2）卦畫以「八」表示陰爻。這與阜陽漢簡《周易》和帛書《周易》相同，而與王家台秦《周易》（陰爻作「︿ヽ」）和今本《周易》（陰爻作「‐‐」）不同。

（3）在文字表述方面，與帛書《周易》和今本《周易》相同，即由卦名、卦辭、爻題、爻辭組成，但用字、用辭、用句有所不同。

（4）首次出現六種紅黑符號。首符在首簡，置於卦名之後卦辭之前；尾符在末簡，置於該卦最後一個字之後。尾符

〔註25〕陳國安：〈楚國的服飾〉，熊傳薪主編《楚國‧楚人‧楚文化》（台北市，藝術家出版社，2001 年 11 月），頁 82～83。

〔註26〕濮茅左：〈說明〉，《上海博物館藏戰國楚竹書（三）》（上海，上海古籍出版社，2003 年 12 月），頁 133～135。

〔註27〕陳仁仁：〈上海博物館藏戰國楚竹書《周易》研究綜述〉，簡帛研究網，2004 年 12 月參閱。

後留白，不再接續書寫下一卦的內容，以明每一卦的獨
立性。

（5）抄者在第54簡補了漏字。

（6）香港中文大學中國文化研究所收藏的一段殘簡屬本篇，
並能和本篇第32簡完全綴合。

（7）本篇只有經沒有傳。

楚竹書《周易》的發現，與馬王堆帛書《周易》以及今本內容的相互參
照，使我們對卦爻辭能有更深入的理解，也使易學中的懸案得到新的認識，
如「九六」之爭、「經」、「篇」之爭等〔註28〕。而目前已發表有關竹帛書《周
易》的研究如：陳仁仁〈上海博物館藏戰國楚竹書《周易》研究綜述〉；王新
春〈哲學視域中戰國楚竹書《周易》的文獻價值〉〔註29〕；近藤浩之〈上海
博物館藏戰國楚竹書《周易》的「首符」與「尾符」〉〔註30〕；李尚信〈楚竹
書《周易》紅黑符號與卦序問題〉〔註31〕；饒宗頤〈略論馬王堆《易經》寫
本〉〔註32〕；陳惠玲《上海博物館藏戰國楚竹書（三）·周易》研究〔註33〕；
鄭球柏《帛書周易校釋》〔註34〕；趙建偉《出土簡帛周易疏証》〔註35〕等；
多就竹書《周易》與帛書《周易》之符號與文字內容進行推敲，或與今本《周
易》相互對照，如：張力文《白話帛書周易》〔註36〕；劉大鈞《今、帛、竹
書《周易》綜考》〔註37〕等，諸多論文或專書大致以研究其內容、義理為主，

〔註28〕濮茅左：〈說明〉，《上海博物館藏戰國楚竹書（三）》（上海，上海古籍出版社，
2003年12月），頁133～135。

〔註29〕資料來源：簡帛研究網，http://jianbo.sdu.edu.cn/admin3/2007/wangxinchun001.
htm，2010年4月29日瀏覽。

〔註30〕資料來源：簡帛研究網，http://jianbo.sdu.edu.cn/admin3/2008/jintenghaozhi001.
htm，2010年5月2日瀏覽。

〔註31〕資料來源：簡帛研究網，http://jianbo.sdu.edu.cn/admin3/2008/lishangxin001.htm，
2010年5月2瀏覽。

〔註32〕饒宗頤〈略論馬王堆《易經》寫本〉，《古文字研究》第七輯（北京，中華書
局，1982年6月），頁232～242。

〔註33〕陳惠玲：《上海博物館藏戰國楚竹書（三）·周易》研究（臺北，臺灣師範大
學碩士論文，2005年）。

〔註34〕鄭球柏：《帛書周易校釋》（湖南，湖南人民出版社，2002年6月）。

〔註35〕趙建偉：《出土簡帛周易疏証》（台北，萬卷樓圖書有限公司，2001年1月）。

〔註36〕張力文：《白話帛書周易》（河南，中州古籍出版社，1994年5月）。

〔註37〕劉大鈞：《今、帛、竹書《周易》綜考》（上海，上海古籍出版社，2005年8
月）。

可見竹帛書《周易》具有歷史、哲學、文學等多重價值，而本專題研究則希望從書體演變以及書寫風格的分析，以明竹帛書《周易》在書法史上重要的藝術價值。

第四節　竹帛書《周易》文字體系傳承分析

秦始皇統一天下（公元前 221 年）後罷用六國古文，以戰國晚期的秦文字施用於全國，楚系文字的發展因此受阻，但文字的演化是長時期緩慢的變遷過程，所以楚文字對往後文字的影響仍是難免的，尤其對於故楚地的秦人來說，楚系文字與秦系文字在文字構形與書寫方式上應會有一定程度的相似處。所以我們可以說，楚系文字對漢隸「書法」的影響，大於「文字結構」，是歷史的必然結果〔註 38〕。此節將從秦系文字與楚系文字的傳承中，分析竹帛書《周易》文字體系的脈絡與定位。

一、楚、漢文化脈絡

據記載，楚人祖先本是中原華夏民族的一支，後來才南遷，周成王時先祖鬻熊曾被文王尊爲老師，至成王時其後裔正式被分封爲異姓諸侯，後楚國以丹陽爲根據地，向四方擴張，甚至佔據南方大部分地區和北方部分地區〔註 39〕。我們常聽言「漢承秦制」，此於政治上多有根據，然從「文化」角度來看，應不能單以此概括；原因在於秦王朝立國時間短，漢王朝的創建者和統治者又多是楚人，使得楚文化自然成爲漢文化最重要的源頭之一，尤其於曾爲楚國所在的南方，文化上多處「漢承楚制〔註 40〕」的情況十分鮮明，從諸多出土文物的表現即可獲得證實。

根據考古資料，楚國文化發展出特色鮮明的地域色彩大約在春秋中期，於此之前與中原文化並沒有太大差異，從西周時期的出土樂器（如楚公豪鐘、楚公逆鎛）、兵器（如楚公豪鐘戈等）與中原同類器物的相似性即可知一二。

〔註 38〕　林進忠：〈楚系簡帛墨跡文字的書法探析〉，《海峽兩岸楚文字學術研討會論文集》（臺北，國立歷史博物館，2002 年 1 月），頁 18～22。
〔註 39〕　曹學群：〈楚文化與漢文化〉，熊傳薪主編，《楚國・楚人・楚文化》（臺北，藝術家出版社，2001 年 11 月），頁 20～21。
〔註 40〕　曹學群：〈楚文化與中原文化〉，熊傳薪主編，《楚國・楚人・楚文化》（臺北，藝術家出版社，2001 年 11 月），頁 16～17。

而春秋中期後，楚文化發展出獨具地域性的特色，一方面仍持續受中原文化影響，如埋葬制度、用鼎制度，到隨葬品的類別與組合、具體的器物形式以及銅器的花紋等，皆能於中原找到相同或極為相似之處；但另一方面，楚文化與中原文化是相互影響的關係，在中原文化中可看許多典型的楚式器物，如南楚地區的四山紋銅鏡出現在北方燕國境內，表示楚文化與中原文化的交流是雙向的。

而到了漢代，雖在政治制度上呈現「漢承秦制」的情況，但僅十六年的秦王朝應難以在短期內將長期存在的「文化」現象完全翻轉，馬王堆漢墓的出土文物即為一具體又有力的證明。馬王堆帛書中如《老子》、《天文氣象雜占》、《五十二病方》、《皇帝四經》、《易傳》……等，皆為楚人所書，也證明漢初盛行的黃老之學來源於楚國，以及同出土於楚地的帛書《周易》雖無法證明書者為楚人，但在文字的使用（如文字的音、義，假借、通假等情況）及諸多字形寫法上也都看出楚文化的影響（底本有楚地特色〔註41〕），所以春秋戰國起楚文化與秦文化頻繁的交流，建立起其後楚文化與漢文化無法斷然切割的關聯性。

二、秦系文字與楚系文字

（一）正、俗體之辯

裴錫圭教授認為戰國時代各國皆有「正體」與「俗體」：

> 秦國的俗體比較側重於用方折、平直的寫法改造正體，其字形一般跟正體有明顯的聯繫。而且戰國時代秦國文字正體後來演變為小篆，俗體則發展成為隸書，俗體雖然不是對正體沒有影響，但是始終沒有打亂正體的系統〔註42〕。

此論點在學界頗具影響力，可知文字學與書法學界目前普遍將秦代刻石文字視為「秦篆」的代表，是標準的、正體、官書、莊重的、規矩的、主要的；而將全部簡帛文字均視為「秦隸」，是徒隸所用，非正統、不標準、民書、手寫體、草率的、輔助的〔註43〕。但其實從出土的楚系簡帛文字，包含有王

〔註41〕魏慈德：〈馬王堆帛書《周易》經文的照片與底本用字問題〉，《文與哲》，第十七期，2010年12月，頁1～46。

〔註42〕裴錫圭：《文字學概要》（臺北，萬卷樓，2010年10月再版13刷），頁68。

〔註43〕林進忠：〈楚系簡帛墨跡文字的書法探析〉，《海峽兩岸楚文化學術研討會論文

墓所出的御用高官文書，既非民間俗體也不是下層徒隸之作，更無所謂的草率。著於簡帛猶如後來寫於紙上，是當時通用的文書材質，材質、身分不是判別字體的依據。林進忠教授更進一步認爲，從文字的教育、流傳等多方面分析，簡帛材質才是所謂的正統、標準文字表現的舞台與載體。由此可知正體與俗體的問題可以是不存在的，即「生活實用，正、俗同一；不分尊卑，官、民通用〔註44〕」。因爲「標準」在不能印刷傳拓下，只有利用傳抄與教育去維持，手寫是文字存在與發展的本體眞相，規矩或草率影響書風但不是字體判定的依據，飾用美術字與書法都是文字，但製作理念有別，像秦刻石、虎符等經文字造型設計規整化的長方整齊「字相」，在東周列國金文均可見相同的工藝飾用理念，是篆文的應用美術字創造的變相，其時墨跡文字也都未曾那般書寫〔註45〕。了解此觀點後，我們更能從簡帛文字的「文字」本身深入探析，因爲從了解其形體特徵、書法風格等方面，便更能貼近當時代普遍的文字書寫實況。

　　對於當時代傳抄與教學情況，《說文》籀文來源於《史籀篇》，《史籀篇》是屬、宣之際史官「留」整理過的一種童蒙課本〔註46〕；至秦始皇統一文字乃命李斯等人作《倉頡篇》爲識字書，爲消除地域性差異而罷用六國古文、統一進行秦文字的推廣教育，對於這些「識字書」是何種字體，許愼、班固等人認爲是「小篆」，或曾記載當時有「秦書八體」，然由於大量出土的秦漢簡牘中，皆未見所謂「標準小篆」，於是林進忠教授認爲當時文字統一尙且不及，何能再分二體或八體，所以秦代的文字只有一種字體，沒有主要或次要之別，並從古代「書於簡帛的識字書」，說明古代文字傳抄、教學的實況，以及簡帛文字的正統性：

　　　　「識字書」是古代編用的文字啓蒙教育課本，性質類似現代小
　　　學的國語教科書，以互相抄寫的方式傳播流通，經由教學者的內容
　　　解說與示範書寫，及學習者的誦讀與臨摹習字，進行古代的文字教
　　　育。是故，從文字本質意義而言，在不會印刷、沒有金石文字拓本

　　　集》（台北，歷史博物館，2002 年 1 月 18〜19 日），頁 33。
〔註44〕林進忠：〈楚系簡帛墨跡文字的書法探析〉，《海峽兩岸楚文化學術研討會論文
　　　集》（台北，歷史博物館，2002 年 1 月 18〜19 日），頁 33。
〔註45〕林進忠：〈楚系簡帛墨跡文字的書法探析〉，《海峽兩岸楚文化學術研討會論文
　　　集》（台北，歷史博物館，2002 年 1 月 18〜19 日），頁 16〜33。
〔註46〕何琳儀：《戰國文字通論》（南京，江蘇教育出版社，2003 年 1 月），頁 36。

的時代，寫在簡牘上的識字書教本文字，便具有時代性「標準」的
性質，也是古代文字與書法變遷發展的中心母體〔註47〕。

更進一步認爲從古代推廣、教育等文字流通的社會背景條件下討論文字
的「正統」、「標準」，「簡帛文字」是勝過「金石文字」的：

1、頒布推廣：沒有紙，不能拓印，不能印刷的時代，金石文字如何
頒布推廣。

2、文字教本：「識字書」在阜陽、居延等地出土者，都是簡牘文字。

3、教學練習：文字教學過程甚長，在講解、習字、練字之時，主要
材質不會是金石。

4、流傳便利：「傳達」是文字的根本功能，簡帛文字才有移動性優
勢。

5、全民普用：習文者皆能識，皆能用的文字，書者身份地位無尊卑
高低及官民之分。

6、日常文書：材質簡易，日常文書隨手可成，文字內容包羅萬象。

7、工拙俱有：眾人皆能，書風多樣，有端正工整、也有訛簡草率、
拙劣的。

8、前後相似：文字傳承變遷是漸進的，傳承，必與其前代、後代文
字有相似之處〔註48〕。

由此可知簡帛文字其實才是當時代的「標準字體」，且無論是官方或民間，皆
使用此種字體（秦代只有篆書一種字體〔註49〕）。但李學勤《東周與秦代文
明》：

秦統一文字，並非只有一種書體。我以爲當時標準文字是小
篆，篆書繁複難寫，用來作爲通行文字是不可能的。……篆書只用
於詔版、刻石之類隆重的場合，符印榜署以及兵器用字，各有其書

〔註47〕 林進忠：〈漢簡識字書在文字與書法史上的重要意義——秦簡文字爲秦篆
說〉，《第三屆金石書畫學術研討會論文集》（國立高雄師範大學，1997 年 5
月），頁5。

〔註48〕 林進忠：〈楚系簡帛墨跡文字的書法探析〉，《海峽兩岸楚文化學術研討會論文
集》（台北，歷史博物館，2002 年 1 月 18～19 日），頁 16～33。

〔註49〕 林進忠：〈漢簡識字書在文字與書法史上的重要意義——秦簡文字爲秦篆
說〉，《第三屆金石書畫學術研討會論文集》（國立高雄師範大學，1997 年 5
月），頁5。

體。事實上起最大普及作用的，乃是隸書〔註50〕。

學界說法多與上述相類，於此，林進忠教授認為我們從戰國晚期至漢初間的秦《青川木牘》、《睡虎地秦簡》、《天水秦簡》、馬王堆出土的帛書《五十二病方》等同樣字體的墨書文字，可以知道這才是秦代以毛筆書寫「秦篆」的實際情況，並從字體的發展進行說明：

> 西周大篆、秦國小篆、漢初古隸、八分漢隸是一脈相承的不同
> 時代的篆隸字體，其中並無任何想種同時產生及發展的並存事
> 實。……混用在秦篆中的少數八分字形或筆意，只能說是「隸法有
> 本、承篆而來」，這是篆隸相承的必然原理與自然現象，否則漢隸便
> 無由產生，有很多學者以虛無的秦隸存在而立論，認為那是「秦篆
> 受到秦隸衝擊影響而參雜隸化現象」，是本末倒置的說法〔註51〕。

所以由此立論，及識字書的功能性與標準性來看，可以清楚知道手寫於簡帛的墨書文字才是古代文字發展與書法發展的中心，至於鑄於金石極富裝飾、美化的文字，及以往所謂秦代橫平豎直、左右對稱的「標準小篆」都只是當時代的「美術字」，是字體演變發展的旁枝，絕非文字發展的母體，這一點是談論漢代以前書法發展須先釐清的認知。

（二）秦、楚系文字分流

以往認為「石鼓文即籀文」（石鼓文為戰國時期的秦國刻石），或如王國維提出：「古文、籀文者，乃戰國時東西土文字之異名。」以及「《史籀篇》〔註52〕之不行於東方諸國〔註53〕」；陳昭容先生於〈王國維〈戰國時秦用籀文六國用古文說〉評議〉一文經由秦系文字與《說文》籀文、古文相互對照，並比較春秋戰國東土文字與籀文相合者，提出修正看法：

〔註50〕李學勤：《東周與秦代文明》（北京，文物出版社，1984 年），頁 367～368。

〔註51〕林進忠：〈漢簡識字書在文字與書法史上的重要意義——秦簡文字為秦篆說〉，《第三屆金石書畫學術研討會論文集》（國立高雄師範大學，1997 年 5 月），頁 14～15。

〔註52〕按：《說文》籀文來源於《史籀篇》，《史籀篇》是屬、宣之際史官「留」整理過的一種童蒙課本。而《史籀篇》本應為西周晚期的銅器銘文，然既為教學用的童蒙課本，定需易於傳抄以便文字教育的傳播，於是得進一步判斷《史籀篇》的書寫材料應是便於抄寫與取得的竹簡，也可見「籀」字從「竹」的來由。何琳儀：《戰國文字通論》（南京，江蘇教育出版社，2003 年 1 月），頁 36。

〔註53〕王國維：〈戰國時秦用籀文六國用古文說〉，《觀堂集林》（台北，河洛圖書出版社，1975 年 3 月），頁 306。

　　《史籀篇》在西周末期，擷取當時日用文字，編輯成書，西土秦地居宗周故地，文字多豐鎬之遺，故用籀體較多，但文字演變，或有省改，或另制異體，秦地也未全然採用籀體，離《史籀篇》成書越久，籀文之用漸減，李斯等人取當世使用之篆體編定新的識字教材之後，籀體基本上就較少使用。東土各國春秋時期的文字差異不大，唯長期的政治擾攘，諸侯力政，文化、地域上的差異漸大，以致新興別體紛紛出現，這些東土新興的異體字基本上「罕布于秦」，單就戰國時期而言，西土秦地仍採部分籀文，但也有許多異體存在，這些異體多數與後來的小篆形體相同。而東土新興的許多別體（即《說文》古文）確實甚少影響篆文〔註54〕。

而何琳儀先生論「戰國文字與傳鈔古文」時，說明了籀文與戰國文字的關係，並舉出諸多六國文字與籀文完全吻合或基本相同的字例，證實籀文並非秦國專用文字，認為《說文》所保存的籀文形體，並非史籀時代的原貌，乃是西周延及戰國各種文字的混合體。於是提出「籀文與古文是橫線時代關係和交叉地域關係的混合」（如下圖），以及「秦文字和六國文字都是籀文的後裔，籀文也是戰國文字的遠祖」〔註55〕。

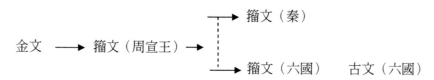

　　唐蘭先生則把戰國時代的秦國文字與其他東方各國的文字區分開來，分別為「秦系文字」：春秋時代的秦國文字和秦代的小篆，以及「六國文字」：齊、楚、燕、三晉（包括東方各國的文字）〔註56〕；文字學中的斷代與分域是時間與空間的概念，關於戰國文字的分域，何琳儀先生不以國家而以「地區」分類，有一個國家的文字：「燕系文字」、「秦系文字」；也有多國的文字「齊系文字」、「晉系文字」、「楚系文字」〔註57〕。主要傳至漢代，使用、影響至今最巨的即是秦系文字，而戰國文字中出土資料最豐者則是楚系文字，

〔註54〕陳昭容：《秦系文字研究》（臺北，中央研究院，《歷史語言研究所專刊》之一○三，2003 年），頁 45～46。
〔註55〕何琳儀：《戰國文字通論》（南京，江蘇教育出版社，2003 年 1 月），頁 40。
〔註56〕裘錫圭：《文字學概要》（臺北，萬卷樓，2010 年 10 月再版 13 刷），頁 69。
〔註57〕何琳儀：《戰國文字通論》（南京，江蘇教育出版社，2003 年 1 月）。

本研究的戰國楚竹書《周易》即屬此系，而馬王堆帛書《周易》主要承襲自秦系文字，然其中部分字形結體與文字用法是否受楚文字影響，即爲一值得探討的問題。

1、楚系文字

春秋中期後，以楚國爲中心的文化圈，除包括吳、越、徐、蔡、宋這些較大的國家之外，還包括漢、淮二水之間星羅棋布的小國。這一地區的銅器銘文普遍使用一種通體頎長、頗有裝飾性的字體。楚國文字依載體可分出十類，列舉如下：銅器文字（如《楚王酓章鐘》、《鄂君啓節》）、兵器銘文（以楚系文字獨有的「鳥書」最具特色）、石器文字、貨幣文字（有布幣、銅貝、金版、銅錢牌等類）、陶器文字、簡牘文字（最爲大宗，本研究主題「竹書《周易》」即屬此類）、木器文字、漆器文字、縑帛文字（僅《楚帛書》一件）、皮革文字。除楚國文字外，已出土的楚系文字史料如：曾國的曾侯乙墓（包含銅器文字、石器文字、簡牘文字、漆器文字等）；越國文字以兵器爲大宗（如《越王太子矛》）等，戰國中、晚期後，竹簡帛式的手寫體文字占主導地位，並直接影響銅器文字的風格，主要表現爲這一時期的銘文普遍有扁平、傾斜等率意風格的傾向。

2、秦系文字

戰國時期的秦國文字也可分爲：銅器銘文（量器銘文或銅鏡銘文）、兵器銘文（其中「虎符」爲秦器特有）、石器文字（如《石鼓文》、《詛楚文》等）、貨幣文字、璽印文字（有官印、吉語印、姓名私印等）、陶器文字、簡牘文字（如《青川木牘》、《天水放馬灘秦簡》、《睡虎地秦簡》、《里耶秦簡》、《龍崗秦簡》等）、木器文字、漆器文字等九類〔註58〕。

關於秦系文字與楚系文字，從其偏旁的繁省、筆畫的隸變……等變化來看，學界多有秦系文字「相對穩定」的看法，我們或許可從竹帛書《周易》的文字結構與書法研究中，探尋其中端倪。

三、竹帛書《周易》通假字對照

上博竹書《周易》和帛書《周易》都有出現卦名與卦爻辭通假用字不一的現象，其原因可能是卦名受限於底本用字的影響遠較卦爻辭爲大。然卦爻

〔註58〕何琳儀：《戰國文字通論》（南京，江蘇教育出版社，2003 年 1 月），頁179～197。

辭的通假用字有時和同批出土或來源相同的材料比較，也會發現有罕見的用例，這似乎也說明了這一類古書抄本的通假用字，受到底本的用字影響，遠大於其它性質的抄本。以下將竹書與帛書《周易》卦爻辭的通假用法稍作說明〔註 59〕：

（一）卣 、攸

通行本《周易》「无攸利」、「有攸往」、「利有攸往」的「攸」字，竹書都作「卣」，帛書則與通行本同。61 然竹書《周易》中亦見「攸」字，通行本〈頤〉六四爻辭「其欲逐逐」，竹書作「丌猶攸攸」（簡 25）。知竹書不用「攸」字而借「卣」來表示，並非表示「攸」不是個常用字，「攸」在楚簡中是常見字，但在上博楚竹書中其通常借用來表示「修」與「條」（作「修」者多見，作「條」見〈容成氏〉簡 40「鳴攸（條）」），因故借「卣」爲「攸」，除了是底本用字外，可能也是楚簡中爲避免誤讀而作。

（二）卿 、亨

通行本《周易》中「元亨利貞」的「亨」，竹書都作「卿」，帛書則與通行本同。在帛書中因「亨」「享」形近，故〈乾〉卦辭「元亨利貞」（一上）的「亨」，帛書就誤作「享」（【一上_03_享_亨】）。但帛書中「享」字多借「芳」來表示，如通行本〈損〉卦辭「二簋可用享」，帛書作「二巧可用芳」（一三上）。帛書〈困〉九五「利用芳祀」（六三上），竹書（簡 43）及通行本《周易》都作「利用祭祀」，「享祀」、「祭祀」義通，故帛書的「芳祀」即「享祀」，文乃借「芳」表「享」。

「亨」、「享」互訛的現象，在竹書中因「享」字作「亯」，且借「卿」來表「亨」，故不會出現。「亯」、「享」爲曉母陽部字，帛書這兩處的「芳」字（【七○上_31_芳_亨】，【六七上_05_芳_亨】），在通行本中都對應「亨」，而非「享」字。「亨」義爲「亨通」，「享」義爲「享祀」，竹書將「亨通」的「亨」寫作「卿」，而將「享祀」的「享」寫作「亯」，說明最初「亯（享）」「卿（亨）」兩義有別，不可混同，而今人多將「亨」逕讀爲「享」。故秦惊以爲通行本《周易》的「王用亨于西山」、「利用亨祀」、「公用亨于天子」中的「亨」，可能皆爲「享」的誤字，本義都當作「享祀」義解。

〔註 59〕本段通假字資料參魏慈德：〈馬王堆帛書《周易》經文的照片與底本用字問題〉，《文與哲》，第十七期，2010 年 12 月，頁 29～36。

「亨」、「享」、「芳」三字古音同屬陽部可通假，但我們卻不能以簡單的通假來抹殺他們所代表的眞實含義的區別。很明顯，在帛書抄寫者的心目中，作爲享祀或致貢之義的「芳」與其他義的「亨」是有嚴格區別的。

（三）孚、復

通行本《周易》中的「孚」，帛書都作「復」，竹書與通行本同。「孚」有兩義，一爲信也，實現義；一爲俘虜義，兩者在竹書中都作「孚」，而在帛書中都作「復」。而「復」義在竹書中用本字，帛書中亦作「復」。因此帛書中的「復」可對應「孚」、「俘」、「復」三字。

（四）吝、閵

通行本《周易》的「吝」字，帛書都作「閵」，而竹書與今本同。「于林中，君子幾，不如舍，往吝」，帛書作「鹿毋華，唯入于林中，君子幾，不如舍，往」（二七下），今本爲「吝」，帛書作「」，根據帛書的書寫習慣，若此處用爲「吝」的意思，則當作「閵」，然通行本作「吝」，帛書用了經文中僅一見的「【二七下_32_㖂_吝】」。根據戰國時代各系文字的用字現象，秦文字用「吝」、「閵」表示「悔吝」之「吝」，楚文字用「㖂」、「吝」表示「悔吝」之「吝」，雖說借「㖂」爲「吝」符合楚地寫本的用字習慣，但與帛書《周易》本身的用字規律不合。其很可能是書手在轉錄楚文字底本的時候，所遺留下的未改字。

（五）凶、兇

通行本《周易》的「凶」，帛書作「凶」或「兇」，而竹書與通行本同。帛書中作「凶」或「兇」並無別義作用，通觀帛書用字，〈頤〉卦（十八行）以前皆作「兇」，後則「兇」、「凶」互見，《周易》抄本中「凶」「兇」兩字的使用，從竹書皆用「凶」到帛書的「凶」「兇」互用，到通行本的皆用「凶」，呈現一致到多樣又回歸一致的發展。在上博楚竹書中「凶」字以作「凶」形爲主，作「兇」者則多出現於偏旁，在上博藏楚竹書的時代「兇」字還未普遍大量被使用，而帛書中大量的「兇」字出現，也可能是表示「兇」這一形體，正大量被使用的時期。

（六）亡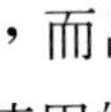、无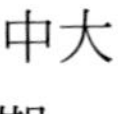、無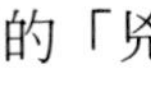

「亡」、「无」、「無」三字，通行本《周易》只用「亡」、「无」二字，竹

書僅見「亡」，而帛書則三字皆見。而竹書不見「无」字，竹書中的「亡卣利」、「亡咎」、「亡眚」、「亡成」、「亡悔」等占斷之辭的「亡」字，在帛書中全變作「无」，僅有少數例外，如〈損〉卦辭「無（ 【一三上_06_粦_(無)】）咎」、〈震〉六三作「無（ 【三一下_20_粦_(無)】）眚」，這種現象除了是帛書〈六十四卦〉在抄寫時，書手完全根據所見底本抄錄所造成的例外，也很可能是書手將底本所有的「亡」或「無」字轉寫為「无」時，不慎遺漏了幾處，沿襲底本之用字，造成了帛書「无」字的使用不統一。

　　而「無」字的使用在上博楚竹書中並不罕見，〈恆先〉、〈三德〉裏就把常用當否定詞義的「亡」都寫作「無」。因此在帛書〈六十四卦〉的抄寫時代，「亡」、「無」二字作為否定詞來使用已很普遍。「无」字的大量使用在秦漢之際，《說文·十二篇下·亡部》列「无」為「無」字的古文奇字，以為「通於元者，虛无道也」，並引王育說「天屈西北為无」以釋形。說明其出現大概在戰國晚期，到秦漢時被廣泛使用，而漢人已附與其字以「元」「虛」「道」等哲學意涵。帛書抄寫的時代在漢文帝時，與「无」字大量使用的時間接近，或許是書手將「亡」「無」有意識的易為「无」，藉以表達〈六十四卦〉的特殊哲學意涵。

　　另如帛書「 」卦，《說文》：「走兒，從走蹇省聲。」「蹇」字《說文》：「 ，跛也，從足寒省聲。」二者古音相近，「蹇」為「蹇」的假借字〔註60〕，又一說「蹇」為「蹇」的異體，從走與從足同意〔註61〕。竹書作「訐」，「訐」通「蹇」，二字聲同。諸多例證顯示二書於文字音、義上多有相似或相關的通假例證，從中可窺見竹帛書《周易》雖時代先後不同，但存在著明顯的關聯，本專題將再就文字形體與書法的相關問題作比較分析。

〔註60〕張立文：《白話帛書周易》，河南，中州古籍出版社，1994年5月，頁185。
〔註61〕丁四新：《楚竹書與漢帛書《周易》校注》，上海，上海古籍出版社，2011年
　　　　4月，頁278。

第三章　上博楚竹書《周易》
書法風格分析

第一節　竹書《周易》文字書法背景

　　長久以來，後人因未見秦漢以前筆寫的墨跡文字，自然誤以青銅器與刻石上的文字爲古人篆隸書法的風貌，近幾十年來大量的簡牘帛書出土後，才使我們漸漸了解古代手寫文字的眞相與實況。由於刻鑄的金石銘文欲進行文字教學是有困難的，於是簡牘帛書可說是東漢前中國篆隸文字與書法發展的中心母體〔註1〕，因爲在紙尙未發明或未普及前，文字多書寫於簡牘，而在戰國時代各國社會中的文書流通僅能採取互相傳抄方式，文字個別發展、教學、使用之下，呈現出可以相互溝通，但形體卻各有差異的狀況。因此，戰國文字因國別或長期使用、發展下，產生的種種同字異形、同形異構、相互通假、訛誤……等情形，爲當時社會的正常現象，也是研究楚竹書時需特別注意的地方。

一、書寫媒材與載體

　　依照現存可見的文字資料而言，殷商文字以甲骨文爲主，次爲銅器銘文；西周及春秋時代以銅器銘文爲主，至戰國時期，書寫的物質材料繁多，

〔註1〕　林進忠：《認識書法藝術①　篆書》（臺北，國立臺灣藝術教育館，1997 年 4 月），頁 62。

依照傳統的分類，可由書寫媒材、載體分爲銅器、石器、貨幣、璽印、陶器、簡牘、漆器、縑帛文字共八類〔註2〕，以下則將之略分爲三大類：

（一）簡牘墨書

楚、秦簡牘資料大致可依內容分爲十類：

1、編年：《雲夢秦簡・編年紀》。

2、文書：《夕陽坡楚簡》、《包山楚簡・文書》、《雲夢秦簡・語書》、《秦律十八種》、《效律》、《秦律雜抄》、《法律答問》、《封診式》、《爲吏之道》等。

3、田律：《青川木牘》。

4、日書：《九店楚簡》、《雲夢秦簡・日書》、《放馬灘秦簡・日書》等。

5、地圖：《放馬灘木牘地圖》。

6、書信：《雲夢秦牘》。

7、卜筮：《望山一號楚簡》、《天星觀楚簡》、《包山楚簡・卜筮》、《江陵秦家嘴楚簡》、《新蔡楚簡》等。

8、遣冊：《五里牌楚簡》、《仰天湖楚簡》、《信陽楚簡第二組》、《望山二號楚簡》、《臨澧楚簡》、《天星觀楚簡》、《包山楚簡・遣冊》、《包山木牘》、《隨縣曾簡》等。

9、典籍：《信陽楚簡第一組》、《慈利楚簡》、《郭店楚簡》、《上海楚簡》等。

10、小說：《放馬灘秦簡・墓主記》〔註3〕。

〔註2〕 何琳儀：《戰國文字通論》（南京，江蘇教育出版社，2003 年 1 月），頁 25～33。

〔註3〕 何琳儀：《戰國文字通論》（南京，江蘇教育出版社，2003 年 1 月），頁 32。

《青川木牘》　　　　　《信陽楚簡》

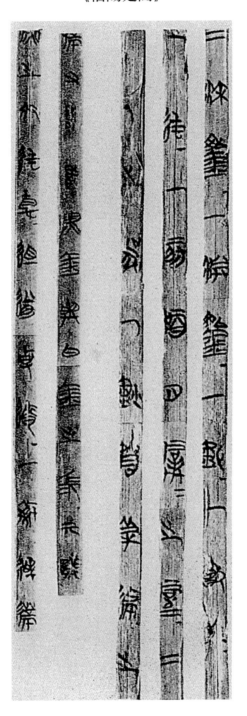

（二）布帛墨書

一九四二年在湖南長沙東南郊子彈庫出土的《楚帛書》，時代爲戰國中期，是目前爲止唯一完整的先秦帛書，由三篇文字與配圖組成，甲篇〈四時〉八行，乙篇〈天象〉十三行，丙篇〈月令〉十二段文字與圖形環繞四周，文字線條多圓弧狀，字形多扁勢。

（三）器物文字

將簡牘帛書以外的文字載體歸爲此類，包含銅器（禮器、樂器、量器、

符節、兵器等）、石器（盟書如侯馬盟書和溫縣盟書、石刻銘文如石鼓文和詛
楚文等）、貨幣（布幣、刀幣、錢幣、貝幣等）、璽印（官璽、私璽、成語璽
等）、陶器（私名陶文、官器陶文、瓦當等）、及漆器等，多為刻鑄文字，也
有直接用筆書寫在玉片或石片上的文字，如《侯馬盟書》和《溫縣盟書》。書
風於春秋戰國前、中、晚期皆有不同，如春秋中晚期後，楚系兵器銘文盛行
繁縟的「鳥書」等，每件書風各有不同；戰國前期的禮器銘文書風圓勁凝重，
中晚期後筆畫較纖細。

《溫縣盟書》　　　　　　　　　　　《侯馬盟書》

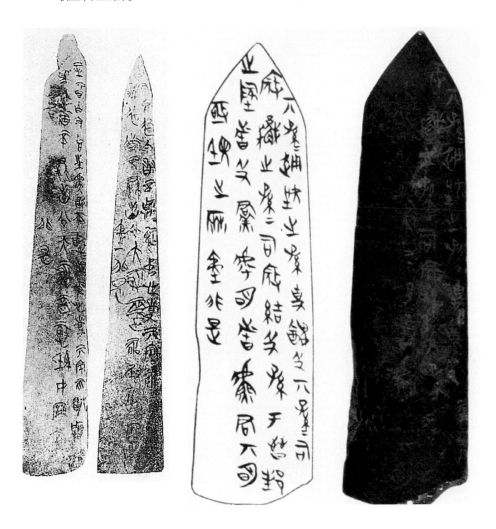

《杜虎符》－戰國中期秦國鑄銘金文

《曾侯乙三戈戟》
戰國早期曾國鑄銘金文

《平山三器》
戰國中期中山國刻銘金文〔註4〕

〔註4〕 此頁圖版來自林進忠：《認識書法藝術① 篆書》（臺北，藝教館，1997 年 4
月）。

　　戰國文字的書寫載體繁多，不同的材質，決定了不同的書寫方式，或刻或鑄，或以毛筆書寫等，如此一來，戰國文字的書風便更加豐富，也因此諸多複雜的因素影響了戰國文字的形體變化。至於書寫媒材與載體對文字的線條、結體、書風的影響，將於後作討論。

二、戰國時代文字發展

（一）戰國文字的分域與形體特徵

　　古文字研究存在著斷代與分域的問題，須從出土的文獻資料中，加以分析、歸類，一般而言，研究商代和西周文字只存在斷代問題，而研究春秋和戰國文字，則須以分域為經，斷代為緯，這些研究往往需借助考古、歷史、地理、曆法等方面綜合研究，而從古文字學的角度，就文字本身的點畫、結構、風格等方面，亦能辨明國別、分出時代；何琳儀先生於《戰國文字通論》一書承揚李學勤之論點將戰國文字以地區分類，分別為齊系文字、燕系文字、晉系文字、楚系文字、秦系文字等〔註 5〕（將於本論文第五章討論），並探討戰國文字形體特色。

　　探討戰國文字形體演變，不但要注意地域間的橫向聯繫，還要注意前代與後代之間的縱向聯繫。戰國文字上承殷周文字，下起秦漢文字，因此，其字形演變必定也與殷周文字、秦漢文字有相同或相近之處，何琳儀先生將字形變化的共同特徵加以分類，以見戰國文字形體變化的規律：

1、簡化：文字從產生之時就沿著簡化的總趨勢不斷地發展演變，簡化方式往往由約定俗成的習慣所支配，可從筆畫簡化、濃縮形體、刪減部件、借用部件等加以細分。

2、繁化：指對文字形體的繁增，所增加的筆畫、偏旁、形體等對原來的文字有時是多餘的，因此可分為有義繁化和無義繁化。為戰國文字異體字增多的重要原因。

3、異化：指筆畫的組合、方向和偏旁的種類、位置有所變異。是戰國「文字異形，語言異聲」的最主要原因。偏旁異化常造成新的異體，聲符異化常造成新的形聲字，筆畫異化常造成形體歧異，形體異化常造成文字訛變。

〔註 5〕 何琳儀：〈戰國文字分域概述〉，《戰國文字通論》（南京，江蘇教育出版社，2003 年 1 月），頁 85～199。

4、同化：包含文字偏旁結構和位置的相對穩定，與文字結構和筆勢的隸變。同化是戰國文字的總趨勢，爲秦統一六國文字的基礎和條件。

5、特殊符號：爲文字以外的輔助條件，如重文符號、合文符號、標點符號等，利於文字釋讀；而亦有不利於文字釋讀者如裝飾符號、裝飾圖案等〔註6〕。

上述前四點爲戰國文字的構形規律，第五點則爲特殊構件，蕭毅先生所著《楚簡文字研究》〔註7〕一書亦大致採用此分類法，此能使我們對戰國文字形體演變的規律性更有系統化的了解。

（二）竹書《周易》的文字構形與地域特徵

前段敘述《楚簡文字研究》一書對楚文字的分類法大結構與何琳儀先生相似，另提出楚文字「地域標誌」的特徵，更列舉字例從「基本筆畫」、「偏旁部首」、「文字結構」等加以說明；此由竹書《周易》的文字構形，亦能觀察出其若干符合楚文字的構形規律與地域特徵。

1、簡　化

類別	釋文	簡　化　字　例		說　明
筆畫簡化	甲	18_13_甲_	18_09_甲_	楚文字「甲」字變化多，此處皆省略上、右筆。（除書手差異可能存在地域差異）
	貝	40_14_貞_	44_10_夏_得	「貞」、「則」從「鼎」，常有省略而與「貝」混同，「得」原從「貝」，此處皆省去下半部分。
	言	50_17_言_		上方短橫省去。

〔註6〕 以上整理自何琳儀：〈戰國文字形體演變〉，《戰國文字通論》（南京，江蘇教育出版社，2003年1月），頁203～265。

〔註7〕 蕭毅：《楚簡文字研究》（武漢，武漢大學出版社，2010年10月）。

部件 簡化	靈	 24_14_䨓_靈	省略重複的偏旁 將「䨓」省去一「口」

2、繁　化

類別	釋文	繁　化　字　例	說　明
筆畫 繁化	礪	 30_11_礪_厲	楚文字中「石」中常加兩橫「=」。
	並	 45_17_並_	橫畫下加橫畫。
	藥 ／ 黃	 21_21_藥_　　 30_21__黃	下方「火」形部件，爲「人」形添加「ㄑ丶」飾筆而成〔註 8〕。「黃」字他系亦同，惟秦系承西周飾筆置於兩肩。
	光	 02_04_光_	下方「人」形豎向筆畫兩側加「//\\」。燕系中山國文字亦同。
	利	 48_16_利_　　 34_07_則_	「刀」多兩撇畫「//」，屬筆畫「重疊繁化」。「利」字，燕系、三晉系亦可見同例。

〔註 8〕　魏宜輝：《楚系簡帛文字形體訛變研究》（南京大學博士學位論文，2003 年），頁 36～41。

部件繁化	釋文	字 例			說 明
部件繁化	篚	09_03_篚			「篚」下加「一」、「口」。
部件繁化	朋	14_39_塱_朋			「朋」下加「土」、「口」。
部件繁化	來	37_09_麥	51_32_蕠	09_13_來	「來」字下加「止」最爲常見，也有上再加「艹」或左再加「彳」成「逨」。「麥」、「逨」西周已見。
部件繁化	中	39_17_中		07_21_审_中	「中」字上加「=」（一長橫一短橫）爲常見，又有再於最上方加「宀」、宀下一短橫「一」者。

3、異　化

類別	釋文	異 化 字 例		說　明
筆畫異化	金	01_08_金_	40_12_金_	筆畫連寫。「金」字四點本應爲分開書寫，如【40_12】，但楚文字常將左右兩點合在一起書寫，如【01_08】。
筆畫異化	求	24_07_求_	16_37_求_	筆畫平直。中間本應爲兩個「∧」形，如【16_37】，但可能因將筆畫平直書寫而成兩橫畫，如【24_07】。

| 部件
異化 | 頌 |
27_12_頌_輔　　49_16_頌_輔 | 部件左右易位。 |
| | 頤 |
24_01_頤_ | 部件從左－右移至上－下。 |

4、同　化

類別	釋文	同　化　字　例	說　　明
筆畫 同化	光	 02_04_光_	「光」字西周金文作 （令方彝）、（虢季子白盤）、（召尊）→春秋金文 形，楚文字有時會為了與飾畫(兩側的「// \\」)相配合，將下方本應為一豎筆地下法寫成同方向的筆畫(朝右下方「\」)。
形體 同化	童	 22_43_僮_　　53_25_僮_	「土」上加一撇成「壬」的形體，造成他字同化〔註9〕。

〔註9〕 蕭毅：《楚簡文字研究》（武漢，武漢大學出版社，2010 年 10 月），頁 131～132。

5、地域標誌

此處所謂「地域標誌」，乃符合以下條件：（1）爲楚特有，明顯有別於他系文字；（2）僅見於楚文字暫無他系文字可比；（3）爲楚文字習慣寫法，偶爾出現在他系文字中。以下列舉竹書《周易》中，具有楚地特色的字例，略分爲「基本筆畫」、「偏旁部首」、「文字結構」三類：

類別	標　誌	字　　例		
基本筆畫	橫畫上加短橫	21_10_可_	01_10_不_	23_12_天_
	封閉筆畫	49_06_心_	49_20_慭_悔	43_16_慭_悔
	「又」旁右上加飾筆	21_03_夏_得	16_39_夏_得	
	「宀」部下加一短橫	07_21_审_中		
偏旁部首	金	01_08_金	四點連作兩豎。	

文字結構	言	 49_17_言_	無豎畫。
	欠	 26_23_欽　　26_10_欽	下加「一」或「＝」。
	靈	 24_14__靈	「靈」从兩「口」（吅）或四「口」（㗊）僅見於楚文字。
	乘	 37_36_輱_乘	「乘」从「几」上常有短橫爲飾筆，兩短橫表示足底。

第二節　竹書《周易》書法風格特色

　　竹書《周易》缺損頗多，僅存三十四卦的文字內容，共五十八簡，計一千八百零六字，其中有數簡的書寫風格差異極大，判斷書手應不只一位。

　　我們知道，戰國時文字「同字異形」的現象十分普遍，多因不同書手而見字形寫法的不同，然不難發現同位書手也可能出現此現象（於同簡中出現相同文字，但卻有字形上的差異），如此必須經由書風分析，檢視並判斷其爲同一人的書寫筆跡，此節將深入探析竹書《周易》的書法特色，於單字中挑選重覆率較高者，分別由「用筆方式與線條動勢」、「文字結體與部件特徵」、

「空間安排與整體佈局」等角度切入，除以此見得竹書《周易》整體的書法風格外，亦能從中解析出不同寫手迥異的書風特質。

　　經整理分析，得竹書《周易》為四位書手所作：

　　書手 A：有 8 簡（簡 01、簡 05、簡 08、簡 24、簡 25、簡 27、簡 37、簡 49）。

　　書手 B：有 4 簡（簡 20、簡 21、簡 22、簡 23）。

　　書手 C：有 1 簡（簡 26）。

　　書手 D：其他 45 簡（簡 02～04、簡 06～07、簡 09～19、簡 28～36、簡 38～48、簡 50～58）。

一、用筆方式與線條動勢

　　欲經由書風分析，檢視各書手的書寫特徵，用筆的方式與線條的表現即為一重要的參考。此段將字例羅列並置，從「起收筆的書寫習慣」、「行筆間的提按與筆勢」、「線條的弧度與斜度」、「筆畫間的接筆方式」切入分析，以見各書手的用筆特色。

（一）上

釋文	書手	字　　　例			
上	A	01_26	08_20	27_09	05_37
		25_30	49_22		
	B	21_24	23_09		

D	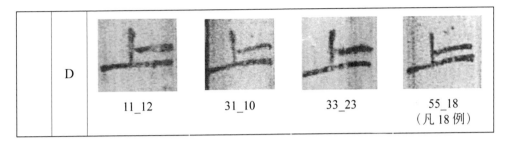
	11_12　　31_10　　33_23　　55_18（凡18例）

1、起收筆的書寫習慣

（1）起筆－藏鋒與露鋒

觀察起始的直畫，書手 A 與書手 B 以自然露鋒落筆居多，由左上往右下方下筆斜切即行，然依寫手不同落筆角度、輕重亦略有不同，書手 B 相較於書手 A 落筆輕了許多；而書手 D 則多將筆鋒藏裏，少露出鋒芒，雖也有斜切自然下筆之例，但也稍顯出頓拙之感（如【11_12】例），可見較為圓潤、以藏鋒起筆為主是書手 D 的習慣用筆方式。

（2）收筆－尖收與頓收

由第一筆直畫可明顯察覺書手 A 與書手 B 落筆時的自然重壓，其後依筆毛特性自然畫出尖收，書手 B 甚至能明顯看出第二筆短橫尖收後與長橫映帶的絲線；而書手 D 則幾乎見不著尖銳出鋒的痕跡，多以圓筆頓收為主，觀察短橫與長橫即可略見端倪，甚至表現出似楷書的橫畫收筆（如【31_10】、【55_18】）。

2、行筆間的提按與筆勢

（1）提按與頓挫

書手 A 在書寫直畫時，一落筆的當下按壓較重，後隨即提收，粗細變化十分明顯，書手 A 更出現少許頓挫，稍稍晃動的線條配合筆毛的提按（如【27_09】直畫），使線條表現出較為活潑的氣息；而書手 B 在自然下筆後，亦有輕輕提筆、自然畫出的提按變化；再觀察書手 D，少數用筆能約略看出粗細變化，但大多較為平緩。

在橫畫書寫上，書手 A 的長橫習慣由粗而細，短橫變化略小，但仍可看出用筆的些微不同，或看得到輕輕下筆的筆鋒，後下壓右行（如【25_30】），或一落筆直接重壓即行，少提按（如【49_22】、【27_09】等）；書手 B 則習慣將筆毛慢慢下壓，或因竹簡表面紋路之故，使行筆間稍有頓挫的線條表現；而書手 D 書寫橫畫時，可看出含蓄的「粗－細－粗」提按變化，屬於較細微

的用筆手法。

（2）中鋒與側鋒

從筆鋒取勢的角度觀察，可簡化地以中、側鋒來區分其用筆方式，書手D較習慣使用裹鋒，即眾所熟知的「篆法」書寫，如此一來則以中鋒的用筆居多，當然由於在竹簡上書寫及速度的講究，亦混合使用側鋒，如短橫的表現；另二位書手A、B則以含帶側鋒為多，直畫尤其顯著，橫畫書寫時，則見側鋒、中鋒交替使用。

3、線條的弧度與斜度

（1）書手A

在線條弧度與斜度的表現上，書手A在書寫直畫時，出現稍晃動、頓挫線條（如【27_09】），但中心線大致算垂直，不過仍有少數左傾（由左上往右下）的現象，如【08_20】、【49_22】等，畫短橫下筆後則有稍微向右下斜的取勢（如【01_26】、【25_30】），長橫則由左下往右上方書寫，明顯地呈「左低右高」之勢，亦有斜往右上後又改變方向，向右下方畫出者（如【08_20】），筆畫呈現明顯的「╱」貌，使二橫畫所成的弧度與斜度互相配合。

（2）書手B

書手B在書寫直畫時，中心線也大致垂直，但稍有弧度，意在與下一筆的映帶，橫畫斜度並不明顯，但也略呈「左低右高」之勢。

（3）書手D

書手D於「上」字的形態表現上，若直畫稍稍傾斜，橫畫也配合傾斜，於是直畫與橫畫幾乎皆呈「垂直」狀態，比起其他書手，書手D的線條並不強調弧度，以較為平直的線條為多。

4、筆畫間的接筆方式

（1）實接

書手D多採「實接」（如【55_18】），尤其可見於各直畫與長橫的連接，直畫與短橫少數呈現「虛接」的意念（如【11_12】），但仍以實接為主。

（2）虛接

書手B在直畫與長橫的相接時，多採「虛接」，直畫與短橫的接觸也僅於落筆處稍稍相黏，而非實筆相接。

（3）虛接、實接互用

　　書手 A 隨興地以虛接、實接交替使用，如【27_09】直畫與短橫為實筆相接，但長橫卻只與直畫末端筆尖少許碰觸，而【05_37】與【49_22】的接筆處多為實筆相接，但【25_30】卻皆為虛筆相接。

（二）亡

釋文	書手	字　　例				
	A	01_13	05_03	05_18	08_08	25_02
		25_16	27_07	37_05	37_19	49_21
	B	20_01	20_19	21_12	21_16	21_26
		21_31				
	C	26_34				
	D	07_23	19_03	28_35	40_39	52_09

（凡 49 例）

1、起收筆的書寫習慣

（1）起筆－鋒芒與輕重

書手 A 與書手 B 筆鋒較為顯露，相較之下書手 A 的鋒芒最為尖銳，下筆的提按變化上，書手 B 有時稍按重，有時輕輕下筆即行，書手 A 的起筆則明顯出現許多重壓的情況；而書手 C 和書手 D 的起筆則較為頓拙，但有時亦露出鋒芒，四位書手以書手 D 出現「裹鋒」的情況最多（如【40_39】、【52_09】直畫起筆處）。

（2）收筆－自然畫出與尖收、頓收

「亡」字第一筆書手多以「撇畫」示之，可明顯觀察到書手 A 在落筆重壓後，自然撇出尖收的狀況，書手 B 亦有此情況，但因與下方筆畫相連接而不明顯；而書手 D 的收筆則主要見於橫畫，皆以圓筆頓收，其他書手橫畫部分多因直接畫出簡外而沒有明顯收筆痕跡（如書手 B【21_26】、書手 E【26_34】等）。，但亦有多處看出頓收的情況（如書手 A【25_02】、書 B【21_16】、）。

2、行筆間的提按與筆勢

（1）提按

四位書手控制筆毛提按的習慣各有不同，第一筆先不論豎或撇，書手 A 在書寫第一筆時，落筆明顯重壓，或順勢撇出，或隨即提收，提按變化十分顯著；書手 B 在自然下筆後輕輕按壓筆毛，向下書寫的同時漸漸提筆產生粗細的漸變；相較而言，書手 C 單一線條的粗細變化不如其他書者明顯（第一、二筆），但末筆從豎畫到向右轉折為「細－粗」的提按方式，於其他書手皆未見。書手 D 第一筆也略有提按（如【28_35】），或粗細變化不明顯（如【52_09】），但橫畫提按卻比其他書手豐富（如【19_03】、【28_35】、【40_39】橫畫皆呈現「粗－細－粗」的提按變化）。

（2）中鋒與側鋒

筆鋒的運用上，已從「上」字分析得知書手 A 與書手 B 使用含帶側鋒為多，但橫畫上亦可見到略偏中鋒的痕跡，而觀察書手 C 的用筆，似兼用中、側鋒，如【26_34】例，第一筆側鋒向下書寫後，相接的橫畫似乎較偏向中鋒，末畫亦含中鋒之意。書手 D 則以如「篆法」的中鋒用筆居多。

3、線條的弧度與斜度

（1）第一筆

「亡」字第一筆依書手不同或撇或豎，表現並不一致。書手 A 多以「撇」表現，除具有一般撇畫的斜度外，有些弧度的彎曲亦十分明顯（如【08_08】、【37_05】），書手 B 與書手 C 則多將筆畫作豎畫書寫，直直向下與末畫相接，【21_16】及【21_31】二例雖略呈右傾，但並非當作「撇」書寫，直豎的表現才是其常態；書手 D 的第一筆皆向右傾斜，但相較於弧度明顯的書手 A，若畫出書手 D 第一筆的中心線，即可知其幾乎無明顯彎曲。

（2）第二筆

四位書手的橫畫皆向右上傾斜，呈「左低右高」之勢，可見寫出橫畫斜度為一自然現象，而細細審視又可觀察出書手不同，線條的斜度與弧度亦各有不同。書手 A 所書斜度變化明顯，【08_08】例在末尾處稍稍向下，形成少許弧度；書手 B 也大多有斜度，但線條未有明顯弧度；書手 C 則較平緩，但有明顯的弧度；書手 D 所書橫畫斜度較一致，弧度不明顯。

（3）第三筆

第三筆為一直畫右彎的轉折筆，相較於書手 B、C，書手 A 與書手 D 的直畫較斜，伴隨右彎朝右上的斜度也較大。線條弧度則各有不同，書手 A 大多稍呈方折、內擫之感；書手 D 則多具圓曲的弧度，包附感強。而書手 B、C 直畫較垂直，隨之右彎朝右上的斜度也較小，但二者相較書手 B 較平直的線條，C 的線條弧度較明顯，而轉折處又有「方」（書手 B）與「圓」（書手 C）的差別。

4、筆畫的轉折與連接

「亡」字有兩處筆畫相接，一處轉折。

（1）第一筆接第二筆：此接筆處四位書手大都相連，但多為起筆處的相接，少數如書手 A【05_03】、【37_05】、【37_19】等例略接到實筆。

（2）第一筆接第三筆：指的是第一筆（直畫或撇畫）向下接觸到末筆的相接情況，以直畫書寫的書手此接筆處多與下方末畫確實相接，而第一筆為撇畫的書手 A 有些虛接，有些甚至未相連（如【05_03】、【37_05】、【49_21】等）。

（3）末筆：此筆書手 A 與書手 B 在直畫改變方向右彎之處皆明顯按壓，形成較重、較方的轉折，而書手 C 及 D 則是順勢輕壓，粗細循序變化，多呈

圓曲的「轉」意而少方折之形。

（三）元－其

釋文	書手	字　　　例				
	A	27_05	25_13	49_02	49_10	49_15
	B	20_07				
	C	26_11	26_16	26_24	26_27	
	D	13_01	44_21	51_19	57_32（凡38例）	

1、起收筆的書寫習慣

（1）起筆－鋒芒與輕重

　　依前述分析已可知書手 A 與書手 B 二位通常筆鋒較顯露，但書手 B 於此「元」字筆尖並不太露，而以書手 A 的鋒芒最為尖銳，下筆按壓也最重，而二位書手長橫多畫出簡外，無法看清起收筆的狀況，下方「八」字形的兩畫皆為筆鋒自然落下後，朝兩邊自然畫出，最大差別在下筆時按壓程度的多寡。而書手 C 起筆兼具藏鋒（橫畫部分）與露鋒（下半部「八」字形），撇畫下筆亦有隨即按重的現象。書手 D 用筆則多裹鋒，【57_32】下半部「八」字形雖可見著明顯重壓的露鋒起筆，但也屬圓潤頓拙的樣貌，並不尖銳。

（2）收筆－自然畫出與尖收、頓收

書手 A、B 收筆多自然畫出簡外，少數見得完整出鋒的狀態－【20_07】橫畫以及【49_10】、【49_15】撇畫爲自然畫出後尖收，至於書手 B 長橫與右長點收筆處的停頓乃爲該書手意識下的習慣，或受載體本身的簡紋、弧度影響才有此表現尚待觀察。書手 C 雖有尖銳的起筆，但卻處處見著較頓拙的收筆，可判斷此種較渾圓、頓挫的收筆應爲此書手的習慣收筆方式；書手 D 亦多爲自然畫出，仍可看出其以較圓潤的頓收爲主。

2、行筆間的提按與筆勢

（1）提按與頓挫

書手 B 於「亓」字僅有一例，行筆間的提按不大明顯，但起止間卻有明顯頓挫；書手 A 與 C 則線條粗細變化較大，書手 A 多由粗而細，書手 C 於橫畫表現上則相反，多由細而粗（但【26_27】於寫法上與橫畫運筆上皆異於另三例），而下半部撇畫則在下筆按重後朝左下方漸提漸出，右長點的表現方式變化十分豐富，【26_11】提按不明顯，但行筆與收筆帶有頓挫意味，【26_16】落筆即以筆尖輕輕向下作豎畫後，按重向右做出轉折，爲改變方向的折筆，【26_24】與【26_27】則以圓弧形的長點來表現，提按變化爲「由細到粗」，收筆也富頓拙之意。書手 D 則如前字例，提按變化含蓄，線條多有「粗－細－粗」的變化規律。

（2）中鋒與側鋒

筆鋒的運用上，先前字例分析得書手 A 與書手 B 使用含帶側鋒爲多，但此「亓」字中，可見得書手 A 的長橫與書手 B 四筆的線條表現皆有中鋒用筆的意味；書手 C 則中、側鋒互用，筆鋒運用變化多端，非單一化，也無一定規律。書手 D 仍是中鋒用筆居多，與前例較爲相似，少例外。

3、線條的弧度與斜度

（1）橫畫

四位書手橫畫皆朝右上傾斜，但弧度與斜度各有不同。書手 A 多因「由右上而右下」的書寫方向轉換，造成上方些微凸起彎弓的弧度；書手 B 斜度大但弧度不明顯；而書手 C 弧度少許，斜度或大（【26_24】、【26_27】）或小（如【26_11】、【26_16】），變化性高；書手 D 仍最爲平直，斜度與弧度皆不大。

（2）「八」字形

「亓」字下半部「八」字形，除書手 D 以較爲平直挺健的線條向左右開張，其餘書手們多帶有彎曲弧度而採「背式」，左右兩筆的斜度和弧度也差不多，書手 A 的「右長點」則以直畫右彎表示，與書手 C【26_16】近似，但書手 C 四個「亓」字例寫法不盡相同，線條弧度變化豐富。

4、接筆處的虛實

「亓」字筆畫與筆畫間的相接，呈現於橫畫中段與下半部「八」字形的起筆處。書手 A 與書手 C 爲虛接，多有空隙未相連，書手 B 與書手 D 有未接觸的寫法（如【49_15】、【51_19】），但多能於起筆處看出少許相接，由此可知末兩畫與橫畫是否相連，大概並不涉及文字正確與否的書寫規範，所表現的顯然與銘文刻石中多實筆緊緊相接有所不同，但未向上凸出橫畫、皆寫於其下，爲手書簡文與刻石銘文在字形上的共同現象。

（四）貞

釋文	書手	字 例				
貞	A	05_10	05_30	08_18	24_02	24_37
		25_23	37_30			
	B	 20_06 	21_11 	22_04 	22_32	

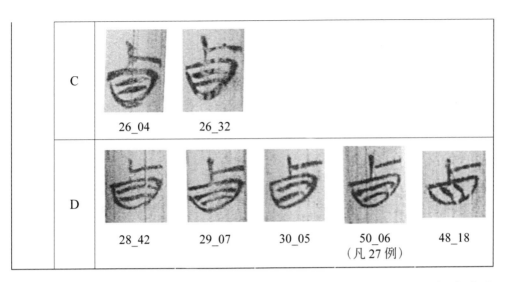

C		
26_04	26_32	

D				
28_42	29_07	30_05	50_06 （凡 27 例）	48_18

「貞」：下部從「目」或「田」，皆為「鼎」之省譌〔註10〕。一般寫法為「正」目形（如 【50_06】），而僅 【48_18】一例為「倒」目形，郭店楚簡則以此形為多： 【老乙11】、 【緇衣3】、 【老甲13】皆為「倒」目形；望山楚簡正形與倒形字例數目相差不大，如 【望山228】，正形共24例、 【望山215】，倒形約19例，可見 【48_18】於竹書《周易》雖為書手D獨有，但此寫法亦為當時楚簡文字常見之形體。

1、起收筆的鋒芒與提按

依前述知二位書手A與書手B筆鋒通常較露，於「貞」字亦然，第一筆起頭除書手D，其餘皆呈「╲」左上而右下的下筆方向。更可於此字看出書手A鮮明的書風特徵－起筆露鋒重壓，收筆尖而細，第一筆直畫及「目」形內兩短橫即表現出此特色。書手D用筆仍藏鋒，但可看到此字多了映帶表現，即「目」形內的橫畫帶筆（如【30_05】、【50_06】），可視為快速書寫下的產物；書手C亦見鋒芒，下筆不似書手A隨即按壓的習慣，而為輕輕落筆，順勢由重而輕收，形成尖起尖收、中段較重的線條（如【26_04】「目」形中的橫畫）。

2、運筆時的輕重與頓挫：

書手B與書手D於此字的輕重表現較為含蓄，並不強烈，線條提按以書

〔註10〕李守奎，曲冰，孫偉龍編著：《上海博物館藏戰國楚竹書（一～五）文字編》，北京，作家出版社，2007年12月，頁180～181。

手A與C較爲明顯。書手A由於一下筆即重壓的書寫習慣，按壓後行筆隨即上提而形成「由粗而細」的線條，變化快速而強烈，甚至有抖動、頓挫的線條出現（如【25_23】）；至於同爲輕重變化表現十分鮮明的書手C，下筆習慣卻與書手A迥異，多以輕放筆鋒爲起始，由輕而重，如「貞」字上方橫畫以及「目」形外框的表現，【26_04】「目」形中的兩橫更呈現「細－粗－細」的三段提按變化。

3、線條的弧度與斜度

（1）上半部－「卜」形：此部分以一直一橫組成，書手A（【08_18】）、書手B直畫重心略有所偏，其餘較爲垂直，少偏斜；而橫畫多朝右（→）或稍朝右上方（↗）書寫，但書手A與書手C不時出現朝右下方（↘）書寫的方向，有些橫畫也略有弧度（如【26_32】），而書手A【08_18】例橫畫弧度應爲一偶然的特例。

（2）下半部－「目」形：若將「目」形的外框分爲「上、下、左、右」四邊，在書寫時，書手多半將筆劃分成「左下」（⤵）、「上右」（⤷）的方向完成外框，再寫框內的兩橫，兩橫有少許弧度。就「目」形而言，書手B、D因上邊（上橫）較長，使字形較寬扁，但書手D橫折後隨即朝左下方斜（↙），形成上寬下窄，下方較尖的形貌，書手B在橫折後先朝下才朝左下方書寫，於是形成下方較圓，整體較方扁的字形；「目」形下方最尖者屬書手C，其左右兩筆「↘↙」的斜度最大，造成下方的弧度開口窄，形成最明顯的「上寬下窄」貌。

4、接筆與轉折

「貞」字的轉折與接筆，上半部「卜」形五位書手多相接，下半部的「目」形則變化較多。「目」形中的兩橫畫起收筆處大多未與邊框緊連，有些若有似無地相碰，但多數寫法較爲隨性，未有意識性「連」或「不連」的書寫；而四邊外框的寫法也多變：

（1）左上角：書手C左上角都有缺口，書手B、D多緊連，書手A則有相連也有小缺口者。

（2）右上角：書手A橫畫由粗而細地書寫後，至轉彎處稍按重，亦由粗而細自右上朝左下書寫；書手B到轉彎處會稍微加重，並朝右下方（↘）拉出一圓角後才朝左下方（↙）前進（見【20_06】、【21_11】右上轉折處）；書

手Ｃ則沒有在右上角刻意提按；書手Ｄ右上角轉折處稍稍壓重（如【28_42】、【29_07】），但粗細變化不大。

（３）左下角與右下角：四位書手皆以「↳」圓弧的方式一筆完成左下角轉折，而右下角則不免可見因率意而產生的接筆痕跡，如書手Ａ【24_02】、【24_37】字例，其餘接痕大多自然、順暢。

（五）勿

釋文	書手	字　　　　例				
勿	A	01_03	08_32	24_41		
	B	21_20				
	D	30_12	32_10	38_07	40_04	42_36
		45_38	57_01			

1、起收筆的鋒芒與行筆的提按

「勿」字例可明顯看出書手Ａ與書手Ｂ露鋒、側鋒及提按有致的筆鋒使用習慣，若將此字分解為「橫折」（⌐）與受橫折包覆的「三撇」（////），進而加以分析：

（1）在橫折的表現上，書手D仍是一貫地筆鋒未露、提按含蓄；而書手A可看出一落筆即按重的力道展現，面臨轉折時明顯提筆，線條由粗而細的變化（如【01_03】），【08_32】例轉折處稍損不清，橫折又似與「內三撇」的第三撇起筆角度相同，看似為一相連的筆畫，彷彿第三撇右方的折筆為後加，然見【01_03】字形也有相似情形，可能為書手A個人的特殊寫法；【24_41】則在下筆按重後漸提，至轉折處又加粗，過彎後又提筆，提按變化十分豐富。書手B的橫折則是在轉折後朝下方書寫時始漸漸提筆，並拉長筆畫。

（2）橫折所包覆的三個撇畫，書手A與B由粗而細自然撇出的輕重變化十分明顯，書手A一向多提按，但此處第一撇較細，第二、三撇則由粗而細，自然撇出，此二撇畫為其習慣用筆方式；書手D起筆有時雖稍重壓，但仍以圓潤為主，提按變化不明顯。

2、書寫筆順各有不同

（1）書手A

如上所述，書手A【08_32】橫折看似原與「內三撇」的第三撇相連，如同一筆而成的筆畫，彷彿第三撇右方的折筆為後加，另一例【01_03】字形也有相似情形，與其他書手皆不同，可能為書手A個人的特殊寫法，也因此無法完全肯定其書寫時的確切筆順。而【24_41】例第一撇較細而少提按變化，第二、三撇則由粗而細，然第一撇與另兩撇在筆鋒的使用上、行筆間的提按上、以及出鋒角度皆不盡相同，判斷有可能在書寫時的筆順上三撇並非依序完成，即第一撇可能是「勿」全字的第一筆，第二筆才寫橫折，接著才在內部空間依序寫上兩撇。書手A於字例中的寫法不同與其筆順問題，可再待討論。

（2）書手B

由【21_20】第二撇的位置，及其與橫折相連的情況，可知第二撇應為「勿」字的第二筆，完成後才在該筆左右兩邊寫上第一撇及第三撇，但末兩撇與第一筆橫折並不相連，整體看來與商周金文的字形結構相仿。

（3）書手D

依所見字例，每一字形結體皆同，書寫筆順明顯為「橫折」→「三撇」（由上到下依序）。

3、線條的曲度與動勢

（1）字形局部

若以正常書寫情況來看（「勿」字由橫折與三個撇畫線條構成），橫折的曲度以書手 A 的表現最為特殊，一下筆即向內彎曲，又隨即向外突出，遇轉折處又因改變方向多了一次扭動，多處曲線形成不太規則的動勢，三撇畫的前兩畫中心線較直，且互相平行，第三撇的弧度則稍稍配合橫折內彎的曲度；【24_41】橫折自左上朝右下為自然、平直的向外弧度，未有向內擠壓的動勢，第一撇的書寫方向與二、三撇斜度並不相同；書手 B 的橫折較為平直，轉折自然，中間的撇畫（第二筆順）向下所形成的弧線角度與橫折朝左下的方向相同，而其左右兩撇則互相平行，未配合第一、二筆的曲度。書手 D 的橫折則稍稍向內彎曲，含蓄但略展嫵媚姿態，轉彎處向內勾回，三撇畫的斜度方向幾乎平行一致。

（2）整體視覺

「勿」字的整體視覺以書手 A【01_03】與【08_32】例的曲度展現最明顯，與其他書手相比多了往橫向擴展的張力，【24_41】則因拉長了末兩撇，使整體的動勢朝左下方延伸；書手 B 則以較正立、斜度略直的姿態表現「勿」字；書手 D 的整體視覺重點容易擺在三平行撇畫的斜度，於其起筆處距焦後隨之衝向左下方，形成強烈的視覺焦點。

（六）由上述分析，可知竹書《周易》書手的用筆方式與線條特徵，以下整理出四位書手「常見」與「主要」的線條表現形態：

線條特色	書手 A	書手 B	書手 C	書手 D
筆畫起始的筆鋒	露鋒	露鋒	露鋒	藏鋒
運筆時的筆鋒狀態	側鋒	中鋒＋側鋒	中鋒＋側鋒	中鋒
行筆的提按與頓挫	粗→細。提按變化快速而強烈，有時出現抖動與頓挫的線條。	稍有提按，但變化小，偶爾出現頓挫用筆。	細→粗為其典型，提按變化強烈，少頓挫。	粗→細→粗提按變化含蓄，較少出現頓挫。
線條的弧度與斜度	橫畫具有一定的弧度與斜度，偶爾往右上斜後又改變方向往右下畫出。	橫畫稍有弧度，但斜度略小。	橫畫具有一定弧度與斜度，但同字橫畫斜度不一定相同，弧度也不一定同向。	橫畫具有一定斜度，但多數橫畫不特別強調弧度。

線條交接方式	實接＋虛接	多虛接	實接＋虛接	多實接
典型線條樣式	柳葉線	介於柳葉線與棒狀線間	柳葉線	棒狀線

二、文字結體與部件特徵

　　由前段已知四位書手的用筆特色與習慣，此段將更進一步從文字結構本身與單字內的部件結構討論每位書手的書寫特徵，並由「形近字」之辨與「飾筆」的添加觀察並歸納出竹書《周易》的字形特色。

（一）單字與部件結構特徵

　　此部分列舉「五」、「吉」、「心」部、「辵」部等字例，從「文字部件寫法」、「結體形態」、「字形取勢」等方面層層分析各書手的書寫風格與習慣，從中觀察其共同的書法特徵。

　　※五

釋文	書手	字　　　例				
五	A	01_22	05_33	08_01	27_03	25_19
		49_13				
	B	21_15	23_03			
	D	12_28	14_43	39_05	41_18	（凡 15 例）

1、文字部件寫法

各書手的「五」字寫法，最為明顯的差異在於兩橫中間兩筆畫交叉的呈現方式，可先簡單分為：（1）書手 A 四例（【01_22】、【05_33】、【08_01】、【27_03】）與書手 B 的直線交叉；（2）書手 A 二例（【25_19】、【49_13】）與書手 D 的曲線交叉。

（1）直線交叉

書手 A（【01_22】、【05_33】、【08_01】、【27_03】例）與 B 交叉的兩畫中心線皆較直，由上橫連接至下橫時，線條會略為變更方向朝下，如一直線本由左上朝右下（＼），在快觸及下橫時，直接向下（↓）與之相接，此為書手 A、B 共有的現象，然二者用筆的些微差距在於書手 A 習慣於起筆特別按重隨即變細，相較之下書手 B 運筆時的提按變化並不明顯，另外字形的重心取勢也是差別所在，將說明於後。

（2）曲線交叉

書手 A（【25_19】、【49_13】例）與書手 D 在兩橫畫中以曲線交叉，其實兩曲線起筆後仍以直線行筆，行至兩橫隔出的空間約 2／3 處始彎曲成回勾狀，雙雙交叉後，因下方各自回勾而圍成一「上尖下圓」之形（此「上尖下圓」指圍成的內部空間－即由「黑線」圍成的「白塊面」）。而書手 A 交叉後圍成的空白較大，字形較為寬綽，書手 D 的內部空間則較小，而顯得緊密。

2、結體形態

（1）扁　形

書手 D 的字形常見橫畫特別開張，朝橫向發展，明顯呈「扁形」的結體。

（2）方　形

相較於書手 D 的「扁形」結體，在不嚴謹測量的情況下，書手 A 與書手 B 稍可算是「方形」結體，書手 A 的【05_33】與【25_19】甚至是「長形」的字形結構，當然若如書手 B 字例其實仍為扁形，但與書手 D 相較卻遠遠不及。

3、字形取勢

（1）左　傾

三位書手所書因橫畫左低右高的取勢，字形皆有左傾現象，但傾斜程度或因橫畫斜度及中部交叉線的書寫位置而略異。從同為「直線交叉」的書手 A

（【01_22】、【05_33】、【08_01】、【27_03】例）與 B 可看出，書手 B 的左傾程度較大，大概與中部交叉線也呈傾斜狀，使重心明顯偏移有關；書手 A【25_19】、【49_13】例的交叉線多寫於兩橫中偏左的位置，也有少許左傾，書手 D 的左傾則多半由橫畫斜度所造成。

（2）正　立

有少數中軸線稍正、少偏斜之例，如【01_22】、【14_43】等，但與左傾的普遍現象相比，確屬少見。

※吉

釋文	書手	字　　　例				
吉	A	 01_25	 05_13	 05_31	 05_36	 24_03
		 25_09	 25_24	 25_35	 37_11	 37_16
		 37_31	 49_26			
	B	 20_21	 22_09	 23_01	 23_08	
	C	 26_07	 26_20	 26_33		

D	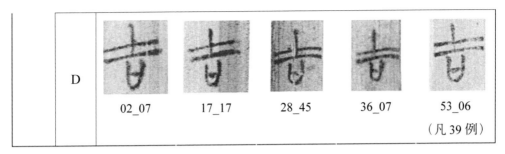
	02_07　　　17_17　　　28_45　　　36_07　　　53_06

（凡 39 例）

1、文字部件與寫法

「吉」字結構本身可拆解為上半部的「士」和下半部「口」，至於上半部兩橫的長度幾乎等同，沒有明顯從「士」或從「土」的分別，四位書手皆如此，但結體形貌卻略有不同。

（1）上半部－「士」形

書寫時用筆變化最大的書手 A 亦於此表現出其多變的特性，有時兩橫的斜度、弧度並不一致（如【05_31】、【05_36】），或豎畫傾斜角度各個不同（如【05_13】、【37_11】斜度較大，【24_03】、【49_26】較垂直），略可見兩橫畫有明顯的「　」弧度，相較之下，書手 B 的弧度較緩，但斜度大得多，直畫也有左傾的現象；而書手 C 兩橫同時具斜度與弧度，但表現上又有些不同，【26_07】寬度距離較大、【26_20】斜度、弧度較大，【26_33】斜度、弧度皆較和緩。而書手 D 橫畫具斜度，但較直來直往少彎曲，且習慣將兩橫空間壓縮，豎畫又垂直向上拉長，形成一「緊」一「鬆」間對比感。

（2）下半部－「口」形

下半部「口」的形貌每位書手差異頗大，從下方弧度觀察，書手 B、D 為圓弧狀，書手 A 與書手 C 則可見尖角；以寬度看，書手 B 最為寬扁，書手 D 最為細長，書手 A 則或方、或扁，也有稍長者，所有書手中以其 12 個字例結體變化最多，其餘同一書者無論用筆或形體皆容易看出較為一致的樣貌，書手 C 則因形體的多變，需於用筆上找出共同特徵。

2、結體形態

「吉」字外形主要因橫畫與豎畫長度比例的不同，再結合下半部「口」的形貌，而有較扁、較方、較長的字形特徵，略分如下：

（1）長方：書手 A、C、D 皆以長形或方形為主，少數橫畫較長，使全
　　　　　字結體看來稍扁（如【05_31】、【05_36】、【25_24】、【26_33】
　　　　　等）。

（2）寬扁：書手 B 兩橫與豎畫長度比例懸殊，下方的「口」字形也配合著朝左右發展，形成一致的寬扁字形。

3、字形取勢

　　四位書手所書之橫畫皆呈左低右高之勢，使字形多有左傾現象，而每個字的結構雖不同，但直線的角度常是影響重心、軸線正或斜的關鍵。分析如下：

（1）左傾：左傾現象於三位書手 A、B、C 的字例中清晰可見，而「吉」字左傾程度關鍵在於豎畫的斜度，豎畫左傾愈多，則該字左傾的角度也愈大，相反地若該字豎畫垂直向下，又正朝下方「口」的中心，則此字的中軸線便可能拉回垂正。

（2）垂正：書手 D 於此「吉」字的表現較爲直正，雖橫畫仍具朝右上的斜度，但豎畫多垂直向下，與下方正立的「口」字形拉回全字重心，使中軸線較垂直而少偏斜；另如書手 A 亦有少數字例中軸線較爲垂正，如【05_31】、【24_03】、【37_16】、【25_24】，書手 B 之【23_08】例與書手 C【26_07】、【26_33】例亦然，但仍多以左傾的現象較爲普遍。

　　※「心」部

釋文	書手	字　　　　　　例				
心	A	27_08_悔	49_20_悔	27_01_志	49_06_心	05_28_愈
		05_09_德	24_26_拂	24_35_拂	25_20_拂	
	B	20_02_忘	20_20_忘	21_17_忘	21_27_忘	

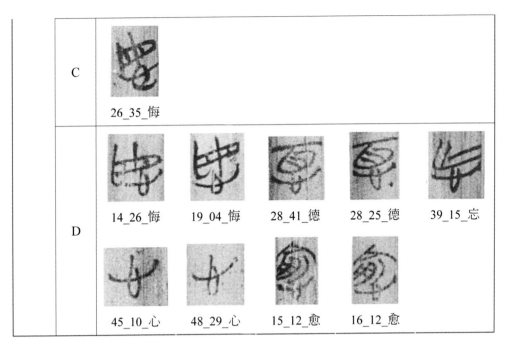

C				
26_35_悔				
D	14_26_悔	19_04_悔	28_41_德	28_25_德	39_15_忘
	45_10_心	48_29_心	15_12_愈	16_12_愈	

1、書寫特徵與結體形態

楚文字的「心」部除單獨書寫外，於字中位置多放於下方，若從文字中抽取出「心」旁單獨觀看，可見得每位書手在書寫的「心」部時，各自不同的書寫習慣。

（1）書手 A：　　　　（圓挺）

「心」部中心形成一「水滴狀」，上方習慣相連，每筆下筆時露出筆尖並重壓成「三角形△」，可見得貫穿水滴狀中心的橫畫為「→ ←」的書寫方向。

（2）書手 B：　　　　（橫扁）

書手 B 的「心」部寫法以上方左圖為主，為一橫（書寫方向：→）、短豎（↓）、豎右彎（　　），右圖寫法僅一例【21_27_忘】，同簡【21_17_忘】寫法與左圖同，推測右圖寫法可能為按照底本寫法所致。

（3）書手 C：　　　（圓曲）

書手 C 上方亦習慣相連，寫法與書手 A 相似，唯下方豎右彎的弧線畫出，明顯與書手 A 不同。

（4）書手 D：　　　　（窄挺）

　　書手 D 的「心」部寫法如上方右圖者（上方相連）為極少數，幾乎全為左圖形象，中心為細長的「魚鉤狀」（上方有開口），中心貫穿的筆劃常具備向上彎曲的「‿」弧度。

2、字形取勢

（1）垂正：書手 B 與 C 屬之。書手 B 即使末畫（豎右彎）有朝右上「↗」（如【20_20_忘】）或朝右下「↘」（如【21_17_忘】）書寫，但寫豎筆時朝左下「↙」便將之平衡，使得重心拉回較正的取勢。

（2）綜合：書手 A、D 屬之。「心」部中線正立（如【25_20_拂】）、左傾（如【49_20_悔】），少數右傾（如【05_28_愈】），單獨書寫時則多偏正（如書手 A【49_06_心】、D【45_10_心】），其他多視上方部件而有所偏。

　　※「辵」部

釋文	書手	字　　　　　例				
辵部	A	01_35_禦	08_12_帥	37_07_往	37_14_往	05_25_復
		37_10_復	05_15_從			
	B	 20_16_往 	22_40_往			

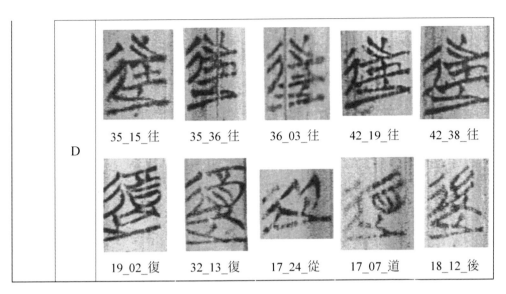

	D					
		35_15_往	35_36_往	36_03_往	42_19_往	42_38_往
				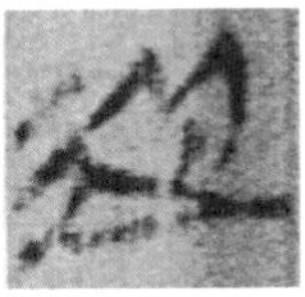	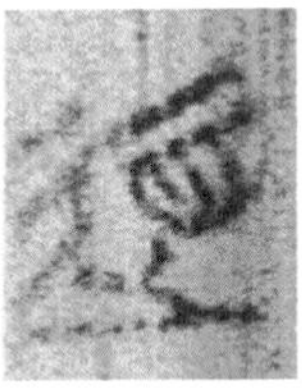	
		19_02_復	32_13_復	17_24_從	17_07_道	18_12_後

《說文》言「辵」爲乍行乍走之意，从彳止。抄寫文字時，同一位書手定有其慣性用筆與習慣的行筆路徑，以下藉由「辵」部字例，分析書手 A、B、D 文字形體的書寫特徵。

1、書手 A：每一筆的起首皆露鋒及重壓，最明顯表現於下半部「止」的前兩畫，而筆畫的斜度與曲度更與另二位書手不同－第二筆短豎畫通常較直，最末筆通常具有彎曲向上的弧度（），伴隨著「左高右低（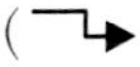）」的小斜度（如【01_35_禦】），使全字多維持平衡，少偏斜。至於部件位置，「止」若寫於「彳」正下方，第一畫的斜度便略爲縮小、長度也略短（如【37_07_往】），若位於右上部件下方，則第一畫傾斜得較大也較長（如【08_12_帥】）。

2、書手 B：「辵」字例僅二例，下部「止」的位置穿插於左部件「彳」與右部件「壬」的下方，第一筆起筆皆與左半部的「彳」相黏，第二筆則爲一帶有少許斜度與弧度的短豎，傾斜穿插在「彳」與「壬」中所產生的空間，與書手 A、D 的結合方式皆不同，末筆則呈明顯的「左低右高」之勢，故此字有些微「左傾」現象。

3、書手 D：「辵」部下半部「止」的位置多位於左上（彳）與右上（壬）合體後，中心線向下延伸的地方，少數直接寫於「彳」部下方（如【19_02_復】），多爲如【32_13_復】、【18_12_後】的「攵」兩撇向左橫切後，「止」穿插於下方尖形開口。值得一提的是書手習慣末畫筆直朝右上方書寫（），如此常使全字呈「左傾」之勢。

（二）結字形態與體勢

1、文字形態

饒宗頤先生認為：「楚帛書用筆渾圓，無所謂懸針，起訖重輕，藏鋒抽穎，風力危峭，於此可悟隸勢寫法之祖〔註 11〕。」而楚帛書「扁平」的形體無形中給人「楚書皆扁勢」的印象〔註 12〕，但其實只是單一作品的書風，且其中亦不乏縱長體勢，其實楚系簡帛文字的體勢是有許多變化的，下方以紅色方框標示長形結體的字，示意如下：

書手 A－簡 37　　　　　　　　　　書手 B－簡 20

 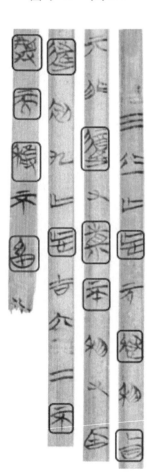

〔註 11〕 饒宗頤：〈楚帛書之書法藝術〉，《楚帛書》，頁 150。

〔註 12〕 林進忠：〈楚系簡帛墨跡文字的書法探析〉（《海峽兩岸楚文化學術研討會論文集》，歷史博物館，2002 年 1 月 18～19 日），頁 25。

由前圖的示意可知，書手 A 結字以縱長為主（紅色方框者，佔 23／35），其他則以方形為多，少數如「二」、「四」等筆畫較少且字形較受限的字才呈橫扁形；書手 B 則是方、扁字形略多於縱長字形（16：13）。而下方書手 C 方扁形與長形字比例為 18：14，而書手 D 則為 26：13，其中明顯呈「扁形」的字例較其他書者多，可見扁形結字最能代表書手 D 的特色。

書手 C－簡 26　　　　　　　　書手 D－簡 28

2、文字重心與取勢

每位書手或有各具特色的書風，但字形體勢「左傾」可說是楚簡文字共

同的趨向和特徵，以下分別列出「中軸線左傾」的字例，以及「部件傾斜」（但全字本身還算保持平衡者）與「部件平移」（中軸線上下不一致）的字例，以見本竹書在字形取勢上的特徵。

中軸線與取勢	字　　　例			
中軸線左傾	 05_13_吉_	 08_23_君_	 09_37_之_	 20_29_畜_蓄
部件傾斜	 10_13_顯_ 左下部件「絲」左傾	 28_36_q05_禽 左下部件「凶」左傾	 12_06_q02_終 下部件「心」字左傾	 04_41_晶_三 上、左下部件左傾，右下部件右傾
部件平移	 20_22_六_ 下方「八」字軸線右移	 八四上_20 下方「心」字軸線右移	 40_28_橐_包 中間「缶」軸線右移	 44_30_舊_ 中間「隹」字軸線右移

（三）單字結構變化

　　書寫者在抄寫文章時，遇相同字常不免於結構或筆法上做出變化，帛書《周易》亦然，又因文字於當時正處隸變時期，於是更增加了其中單字結構的變化性。

釋文	結 構 變 化 字 例			說　　明
命	 08_26	 05_27	 07_28	《說文》：「命，使也从口令。」
	【08_26】與【07_28】爲不同書手所書，但字形同爲當時的「命」字多數寫法，於他地出土楚文字皆可見，包山楚簡 ，楚帛書 ，此寫法能上溯西周金文 。然僅於郭店楚簡 （緇衣_22）得見與【05_27】同無「口」形的寫法，甲骨文「令」 （按：古人振鐸以發號令，從「卪」乃以跪跽之人表受命之意〔註13〕。），於是「命」由「令」衍，無「口」形的「命」字寫法大約由此來，左下兩橫應爲飾筆。又戰國文字「＝」與「口」常可互換，或可能一同出現〔註14〕，亦有一說「＝」爲「口」的替代符號〔註15〕。			
來	 09_13	 35_17	 51_32	「逨」、「𡘼」、「𧽸」皆通「來」，三字的主要部份與甲骨文 相似，增繁部件的寫法以增「止」者最多見，其他楚簡亦有此例，如郭店 （語叢4_2）、上博〈弟子問〉 等。
鴻鳥	 50_09	 50_32	 56_12	郭店 （老甲_33）寫法如【56_12】、【50_09】，飾筆有增減，然【50_32】下半部作「糸」的寫法較少見。
疾	 21_19	 15_02		【15_02】合於說文篆文 ，【21_19】則合說文古文 形，亦見於包山、郭店楚簡 （語叢1_110），右上短橫爲飾筆。

〔註13〕徐中舒主編：《甲骨文字典》（四川，四川辭書出版社，1989 年 5 月第一版），頁 1000～1001。
〔註14〕何琳儀：《戰國文字通論》，南京，江蘇教育出版社，2003 年 1 月，頁 262。
〔註15〕蕭毅：《楚簡文字研究》（武漢，武漢大學出版社，2010 年 10 月），頁 176。

復	37_10	05_25		此爲寫法上的變化，右「目」形的正立或傾倒，皆爲楚文字常見寫法。
恆	28_10	28_23		「亙」，同《說文》古文寫法：「古文恆从月。」而「絚」於今、帛本皆爲「恆」，此增「糸」旁用法較爲特殊。
金	01_08	40_12		此二種寫法爲楚文字常見寫法，於上博其他篇章也可見，其他楚簡亦然，如郭店 𡍦（老甲_38）、 𡍦（語四_24）。【01_08】寫法爲楚文字特有〔註16〕。
僮	22_43	53_25		「僮」爲古文，今、帛本作「童」爲今文。右半部「童」【53_25】爲減省筆畫之寫法，二字例皆見於其他楚簡，如 𡍦（包山），亦有其他簡省筆畫，如 𡍦（郭店）。
中	07_21	39_09		【39_09】「中」字上兩橫爲楚文字習慣出現的飾筆，而【07_21】釋文作「审」，兩橫飾筆上方又加上「宀」、「一」，此亦爲無意義的裝飾偏旁〔註17〕。

〔註16〕蕭毅：《楚簡文字研究》（武漢，武漢大學出版社，2010 年 10 月），頁 184～224。

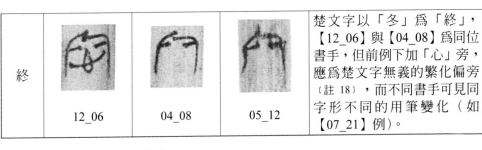

終	12_06	04_08	05_12	楚文字以「冬」爲「終」，【12_06】與【04_08】爲同位書手，但前例下加「心」旁，應爲楚文字無義的繁化偏旁〔註18〕，而不同書手可見同字形不同的用筆變化（如【07_21】例）。

（四）添加裝飾符號

戰國文字的特殊符號常是文字以外的輔助部件，對文字本身有某種作用。有的特殊符號有利於文字釋讀，如重文符號、合文符號等，有些則不利於文字釋讀，如裝飾符號、裝飾圖案等〔註19〕，此處所舉字例即屬此類，對這些特殊符號的了解，有助於正確釋讀戰國文字。

釋文	添加飾筆	無飾筆	說　　明
天	23_12	41_28	1、加「一」：戰國文字常在字首的長橫畫上再加一短橫，以及在下半部拉長的豎畫上加一短橫（或短小的點如肥筆，但於本竹書中未見）。 2、加「＼」：如「得」字，此種飾筆書寫的位置通常在字型的右半部，但較無一定規律。其中值得一提的有以下兩點： 　　一是書手B（簡20～23）較常有添加飾筆的習慣（但同一字添加飾筆處不一定相同），書手D則幾乎不添加飾筆。 　　二是同一位書手於同一枚簡中，相同的字可能同時出現「添加飾筆」與「無添加飾筆」的字例（如「不」【20_24】、【20_12】與「其」【26_11】、【26_27】），故無法率意地以「是否添加飾筆」作爲判定書手的依據。
不	20_24 20_12	57_18	

〔註17〕何琳儀：《戰國文字通論》，南京，江蘇教育出版社，2003年1月，頁215。增繁無義偏旁，系指在文字中增加形符，所增形符對文字的表意功能不起直接作用。即便有一定的作用，也因其間關係模糊，不宜確指。因此，這類偏旁很可能也是無義部件，只起裝飾作用。

〔註18〕蕭毅：《楚簡文字研究》（武漢，武漢大學出版社，2010年10月），頁56～57。

〔註19〕何琳儀：《戰國文字通論》，南京，江蘇教育出版社，2003年1月，頁264。

亓_其	26_11	26_27
得	21_03	包山_22
攸攸	25_15 （下兩橫爲常見的合文符號）	

（五）小　結

關於四位書手在文字結體與部件的書寫特徵，整理如下：

結體特色	書手 A	書手 B	書手 C	書手 D
文字形態（方扁字與長形字所佔比例）	長形字＞方扁字	二者約佔各半	二者約佔各半	方扁字＞長形字
部件體勢	左傾＞垂正	左傾＞垂正	多左傾	部件傾斜角度與程度不一（但全字中軸線多能持衡）
文字體勢	多左傾	多左傾	多左傾	多垂正
飾筆表現	常出現飾筆	常出現飾筆，且同簡中的相同字有時出現不同於位置。	相同字出現有飾筆與沒有飾筆的情況	較少出現飾筆

三、空間安排與整體佈局

此段分作「單字空間」、「字距經營」與「邊界張力」來分析竹書《周易》

從單字內到字與字的空間關係，並提出因竹簡的細長條狀所造成的文字「邊界張力」，試討論之。

（一）單字空間

此部分依竹書的特色單字結構稍加分類。「疏密」：因線條的排列造成單字內的疏密空間；「均間」：線條分割出的均勻空間與不均勻空間；「錯落」：左右雙拼的字常因高低錯落使單字空間、字形產生變化。

1、疏　密

字形種類	疏　密　字　例			
上密下疏	 25_07_遺_顛	 25_34_礪_厲	 33_02_樸_睽	 42_27_蠻_亂
上疏下密	 12_25_貰_撝	 24_36_頤_	 25_20_雹_拂	 38_01_啻_惕
左疏右密	 20_09_復_正	 22_40_迸_往	 12_19_鳴_	 47_15_婁_聟
左密右疏	 14_32_猷_由	 04_41_晶_三	 47_39_敦_就	 04_35_訟_

中密 上下疏				
	21_21_藥_	21_30_禧_昔	24_09_實_	41_12_棗_包
中疏 上下密				
	53_15_愍_災	44_20_贏_贏	05_28_愈_渝	19_04_懋_悔

2、均 間

字形種類	均 間 字 例			
均間				
	04_10_利_	02_06_貞_	57_31_需_濡	10_17_驅_
	09_38_自_	38_30_四_	18_33_母_	32_30_車_輿
非均間				
	01_31_利_	08_18_貞_	22_26_晶_三	25_26_可_

24_06_自_	30_41_四_	24_15_龜_	22_22_車_輿

由觀察得知書手 D 最常保持「均間」的字形結構原則，最爲工整；其他書手則較不重視字內的空間均衡，但書風也因此較爲隨興、活潑。

3、錯 落

字形種類	錯　落　字　例			
左低右高	06_01_朝_	09_17_初_	14_38_頪_疑	20_08_非_匪
	28_39_絰_恆	24_16_觀_	31_12_肥_	55_17_咎_

除了左右平齊的搭配，「左低右高」錯落的組合類型最爲常見，由此也帶動全字「左下－右上」（↗）的取勢。

左高右低	08_17_殞_尸	08_02_畋_田	22_46_檡_牿	28_21_晶_三

此種組合易形成「左上－右下」（↘）的取勢，於本竹書較少見。

| 中低
左右高 | 
20_04_卿_亨 | 
23_15_卿_亨 | 此種組合僅出現於「左、中、右」三部件組成的字，但「中低左右高」可能為書手 B 較為特殊的結構方式，其他書手上方大多平齊（如書手 D ![img]【28_02_卿_亨】、C ![img]【26_02_卿_亨】）。 |

（二）字距經營

　　以現今的書法創作觀點，使用竹簡為書寫載體，基本限制了大篇幅章法的經營。如試著縮小範圍觀看一根根竹簡時，似乎能觀察到每位書手在字距上的些微差別，這似乎也影響著該書手的整體書風所給人的視覺感受。

書手 A－簡 24　　　　　　　　書手 D－簡 42

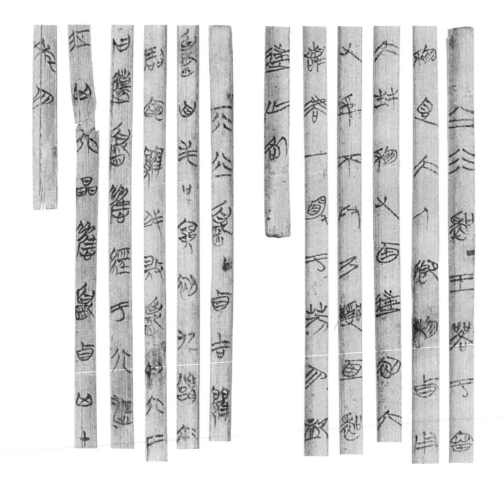

　　觀察【書手 A－簡 24】，前兩行字距還算大且平均，至第三行末三字開始字距些微縮短，至第四行始或因文字本身筆畫較多，字距又縮短些，整體看來擁擠了許多，由此反觀【書手 D－簡 42】，即使遭遇筆畫較繁複的字，仍拉開字距，全篇看來清新疏朗，由此更顯出字形的緊湊與朝橫向擴展之勢。

　　而【書手 B－簡 22】的字距則頗有變化，兩處字距特大（橢圓虛線框），而兩處字距又特窄（方形實線框），其他雖差距不大，但此四處已使全簡看來活潑許多。【書手 C－簡 26】字距大致均等，唯下半部字距皆略大，使全篇看來較為闊綽而不狹窄受限。

書手 B－簡 22　　　　　　　書手 C－簡 26

（三）邊界張力

觀看在細長條狀的竹簡文字時，其因碰觸邊界而停止的線條，常常造成視覺上的「邊界張力」，以下將圖版字例放大檢視說明。

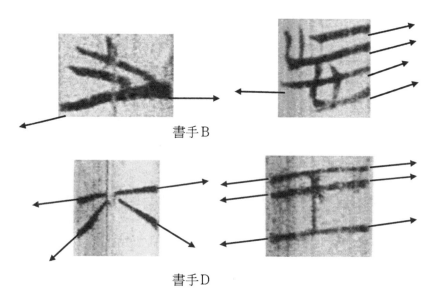

書手B

書手D

以書手 B 與書手 D 字例示意如上圖，發現字形的張力特別表現在有橫畫或朝左右開張、停止於邊界的筆畫，因遭遇邊界而停頓或自然畫出，使得視覺上產生向簡外無限延伸的擴張意涵，此視覺意象應有助於楚簡文字「橫向」開張之勢的表現。

（四）小　結

除書手 D 特別注重字內的均間外，各書手字內字外的單字空間表現都十分活潑；字距的經營也以書手 D 最為均整，其他書手則呈現無規律性的字距變化，字形結構、文字筆畫多寡等因素皆可能產生影響；「邊界張力」的表現是每位書手或多或少都會出現的強況，向左右開展的張力表現，可算是楚簡文字因書寫材料而呈現出的視覺效果。

書手Ａ：簡01、簡05、簡08、簡24、簡25、簡27、簡37、簡49。

簡01　　　　　　　　　　簡02

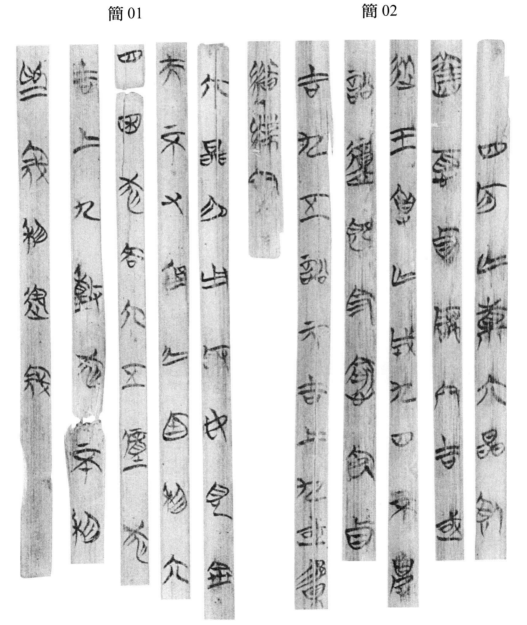

書手A：簡01、簡05、簡08、簡24、簡25、簡27、簡37、簡49。

簡24   簡25

書手 B：簡 20、簡 21、簡 22、簡 23。

簡 20　　　　　　　　　　　　簡 21

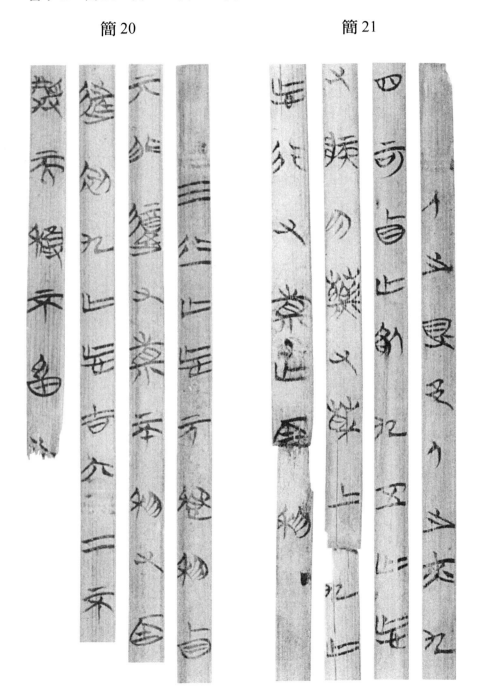

書手 B：簡 20、簡 21、簡 22、簡 23。

簡 22　　　　　　　　　　　　　　　簡 23

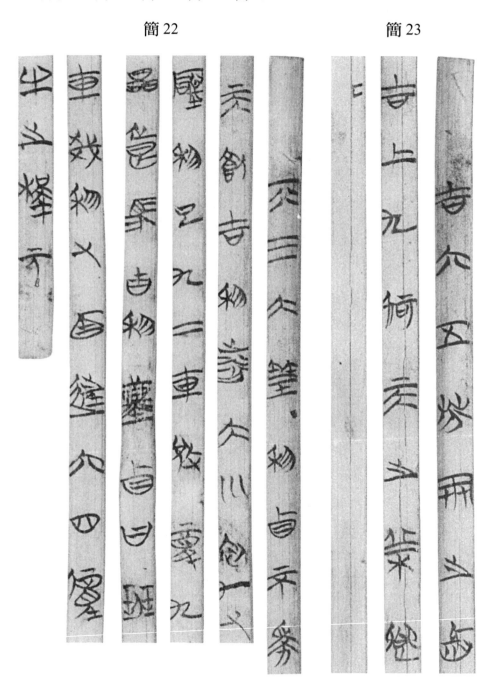

書手C：簡26。

書手D：其他（簡 02～04、簡 06～07、簡 09～19、簡 28～36、簡 38～
48、簡 50～58）。

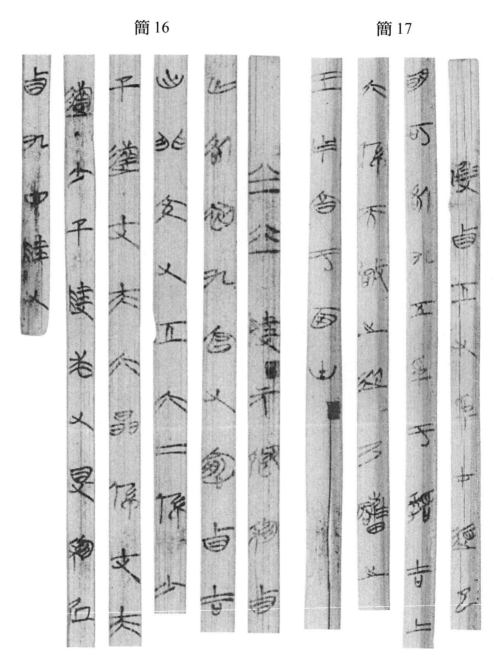

簡 16　　　　　　　　　　　　簡 17

書手 D：其他（簡 02～04、簡 06～07、簡 09～19、簡 28～36、簡 38～
48、簡 50～58）。

簡 57 簡 58

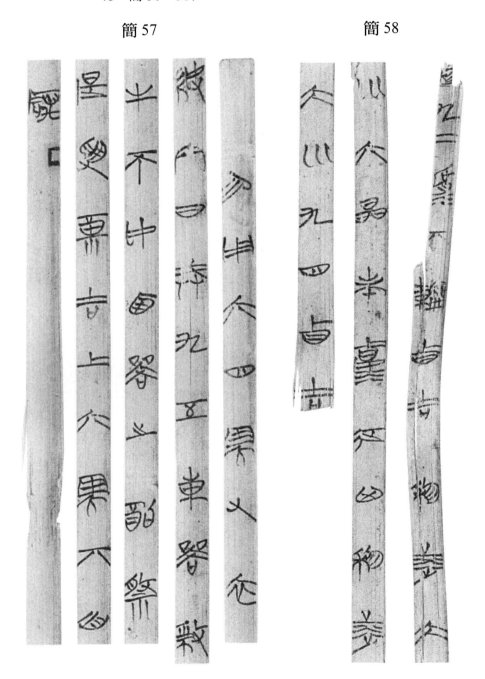

第三節　竹書《周易》與同批楚竹書風格比較

　　此節將上海博物館已出版的八冊戰國楚竹書圖版，擇要與竹書《周易》一同作書風比較，以見同批竹書多變的書法風貌。

一、《周易》與《亙先》書手探析

　　「亙先」讀「恆先」，指作爲終極的「先」。簡文「亙」同「恆」〔註20〕。竹書《亙先》是一篇首尾完具的道家著作，全篇共十三簡，大多保存完好，簡長約三十九·四釐米。第三簡背面有篇題作「亙先」，此據以題篇〔註21〕。而經仔細觀察審視，可知全篇書風一致，爲同一位書手抄寫完成。

竹書《亙先》

〔註20〕李零：〈《亙先》釋文考釋〉，引自《上海博物館藏戰國楚竹書（三）》（上海，上海古籍出版社，2003 年 12 月），頁 288。

〔註21〕李零：〈《亙先》說明〉，引自《上海博物館藏戰國楚竹書（三）》（上海，上海古籍出版社，2003 年 12 月），頁 287。

　　此段特別提出竹書《亙先》與《周易》作書手討論，乃因陳燮君先生於《上海博物館藏戰國楚竹書（一）》的〈序文〉寫道：「竹書《亙先》與《周易》同為《上海博物館藏戰國楚竹書（三）》中的一篇，是一難得的道家文獻，整篇完整無缺，於竹簡發現史上極為少見，三道繩編，用筆、字形結體與《周易》相似，被認為應為同一人所書〔註22〕。」於是將二者進行比對，以文字圖版並列，從用筆方式、字形結體或書手的特殊書寫習慣等，進行討論並判斷其是否真為同一人所書。

（一）用筆與結體

竹書	書手	「又」字例				
《周易》	A	01_11	08_03	08_25	37_12	49_18
	B	20_10	20_14	21_18	21_22	21_29
	D	38_25	39_18	43_17	45_40	（凡35例）
《亙先》		02_01	05_20	05_27	06_17	08_08
		08_12	08_15	13_13	13_27	

〔註22〕陳燮君：〈序文〉，引自《上海博物館藏戰國楚竹書（一）》（上海，上海古籍出版社，2001年11月），頁2。

　　由前節分析已知《周易》書手 A、B 用筆皆爲露鋒，而書手 D 則習慣藏鋒，頓起頓收，而上圖所列《互先》「又」字例能清楚看到所有起筆皆露出筆鋒，於是我們可將寫手爲《周易》書手 D 的可能先行排除。

　　書手 A、B「又」字皆分作三筆書寫，如右圖以【01_11】筆順示意，與分兩筆書寫的《互先》書手不同（筆順爲 1：⟍，2：⟍）。而第一畫落筆後先往右（→）書寫，同時向內彎曲（如圖【08_08】標示：A 處）的習慣是《周易》書手 A、B 所沒有的，第二筆線條彎曲的弧度也不同，《互先》書手先向右（→）再向右下（⟍）彎曲，《周易》書手則自起筆即以弧線往右下書寫，不似《互先》書手在方向上有大弧度的改變。

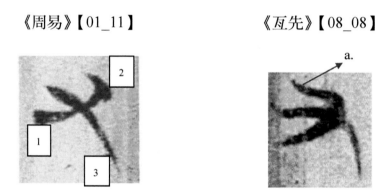

《周易》【01_11】　　　　　　　　　　《互先》【08_08】

　　「又」字爲《互先》中出現次數最多的字例，其寫法多具備上述特徵，由此說明了《周易》書手與《互先》書手無論在用筆或字形上，皆出現不同書手的書寫方式。以下再以同爲出現次數多，且具有高度特色的用筆字例「之」，分析《互先》與《周易》不同的書風特色。

　　《互先》的「之」字例最明顯的特徵在上半部三筆畫的起筆纖細又尖銳，向下靠近橫畫的地方突然肥厚，而橫畫明顯彎曲呈「⟋￣⟍」形，此寫法同見於「先」字（「先」字上半部從「之」），以及「出」字上三畫也出現類似的用筆，此爲竹書《周易》中的所有書手皆未見的書寫特徵。

竹書	書手	「之」字例				
《周易》	B	23_13	23_06	22_45	21_06	21_02

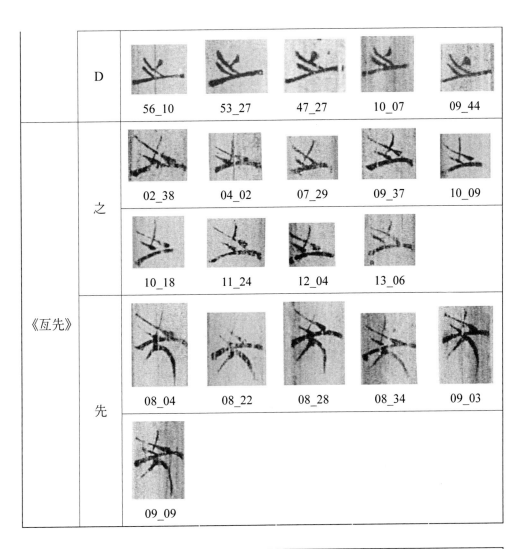

字例	《互先》		《周易》	
出	05_25	05_29	55_25	16_15
	06_03	08_19	07_11	

2、裝飾符號

釋文	竹書	字　　例				
復 / 後	《周易》	05_25_復	37_10_復	19_02_復	32_13_復	18_12_後
	《互先》	03_37	09_31	09_34	05_09	10_10_後
天	《周易》	23_12	41_28			
	《互先》	12_02	12_13	05_06		

　　竹書《互先》中所有「復」字與「後」字的「夊」末畫全都添加飾筆，此於《周易》中皆未見得，又全篇「天」字也於長橫上添加一短橫為飾筆，《周易》中加飾筆者也與《互先》用筆不同，且「天」字下半部寫法與用筆也與《周易》相異。由以上諸多差異可知，竹書《互先》與竹書《周易》的書手並非同一人。

二、上博藏戰國楚竹書藝術風格

　　《上海博物館藏戰國楚竹書》迄自二○一二年止，出版九冊，每冊所錄篇章數目不一，從中可見得此批竹簡書風的多樣，此段從九冊內挑選數種不同風格的篇章，圖版一一陳列如下：

（一）《孔子詩論》與《緇衣》

　　《孔子詩論》與《緇衣》為《上海博物館藏戰國楚竹書（一）》所收錄的篇章，風格樣貌各有不同，根據許榕《上博楚簡書法藝術研究──〈孔子詩論〉與〈緇衣〉之比較為例》〔註23〕所歸納出二者的書風特色。

《孔子詩論》

〔註23〕許榕：《上博楚簡書法藝術研究──〈孔子詩論〉與〈緇衣〉之比較為例》（國立臺灣藝術大學造形藝術研究所中國書畫組碩士論文），2007 年 1 月。

在線條表現上，《孔子詩論》線性橫畫多爲平整，似平塗橫掃而過，無粗細之變化，爲方筆之運用，直畫較橫畫細而尖銳，轉折之處方圓並施變化不拘。結構形式集中於內，爲中宮緊收而放於外；爲孔門書生之手，落筆有條有理，看似嚴謹卻豪放於外，極具文人之氣。而《緇衣》線性婉曲細長，落筆時而粗大時而纖細，或下迴收筆或停鋒收起，變化多端。結體外包由外而內，呈現繞圓之勢。筆法精熟豪放不拘，隨心所欲獨樹一格，野逸蒼茫如高雅不受世俗約束之隱士〔註24〕。

《緇衣》

〔註24〕 許榕：《上博楚簡書法藝術研究——〈孔子詩論〉與〈緇衣〉之比較爲例》（國立臺灣藝術大學造形藝術研究所中國書畫組碩士論文），2007年1月。

（二）《民之父母》與《容成氏》

　　《民之父母》與《容成氏》兩篇皆收錄於《上海博物館藏戰國楚竹書（二)》，書風大異其趣。《民之父母》用筆多露鋒，起收筆較細且尖銳，橫畫落筆處較輕，後漸加重，末尾自然畫出，多向右上傾斜，直畫多下筆即按，隨即提筆漸細，收筆處多較爲尖細；整體線條提按豐富，多爲曲線，全篇看來十分飄逸、富動感，字形以長形爲主，空間安排寬綽有致。

《民之父母》

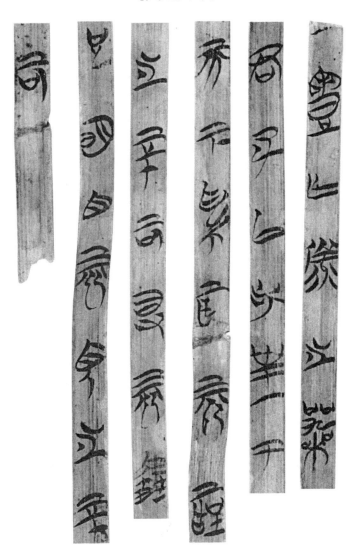

《容成氏》

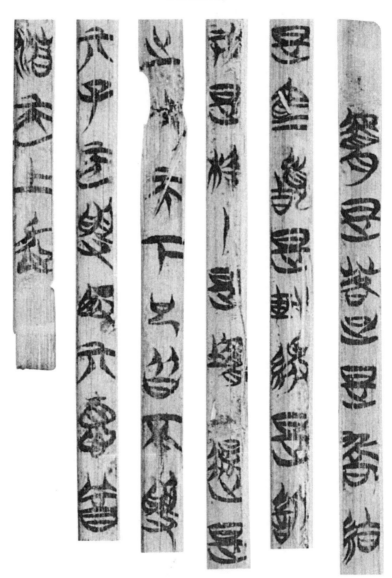

　　《容成氏》筆鋒亦十分顯露，但下筆後一路重壓，線條中段特別肥厚，除起收筆露出尖銳的細鋒外，提按變化並不顯著，全以厚重的線條爲主，且字與字之間的距離特別緊湊，也造成全篇較飽滿厚重的視覺感受，此篇橫畫並未特別向右上傾斜，使得整體看來較爲平穩厚實。

　　（三）《采風曲目》與《三德》

　　《采風曲目》與《三德》分別收錄於《上海博物館藏戰國楚竹書（四）》

與《上海博物館藏戰國楚竹書（五）》，二者風格又有別於前述諸篇，《采風曲目》下筆厚重，但多由粗而細，線條較爲短促爲其最大特徵，除去特殊寬扁結構的字與筆畫繁雜的長形字，字形以方形爲主，而字距拉長後，也使全篇在厚重筆觸下仍不乏疏朗之感。

《采風曲目》

《三德》

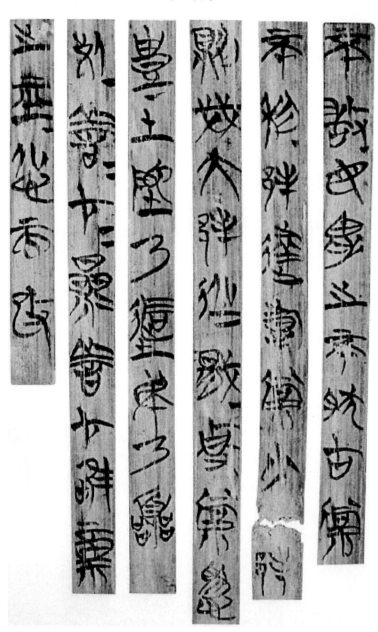

　　《三德》線條較細，用筆多由按（起筆）而漸提（收筆），結字以縱長爲主，與其他篇章相比，本篇字距特別短小，在細長空間裡，又拉近字距，使得整體空間又更爲緊湊，如此配合率性的用筆、寬鬆的結構看來，稍顯繁雜而凌亂，但不失爲楚簡中一特殊風格表現。

（四）其　他

此部分以圖版呈現「上海博物館藏戰國楚竹書」的不同書風，略舉如下：

《逸詩・多薪》　　　　　　　　《東大王泊旱》

（同收錄於《上海博物館藏戰國楚竹書（四）》）

《鮑叔牙與隰朋之諫》

（收錄於《上海博物館藏戰國楚竹書（五）》）

《內豐》　　　　《曹沫之陳》

（皆收錄於《上海博物館藏戰國楚竹書（五）》）

《相邦之道》

（收錄於《上海博物館藏戰國楚竹書（五）》）

第四節　竹書《周易》與戰國楚系簡帛書法風格比較

　　前節僅稍加列出上海博物館所藏的戰國楚竹書諸篇，可知不同篇章因書手不同，造成豐富多樣的書法風格，由此可窺見戰國時期楚地多元的書法風格樣貌。此節將從他地已出土之戰國楚系簡帛的書法風格，探討竹書《周易》於整個戰國楚系文字中的書風特色。

一、曾侯乙墓竹簡

　　曾侯乙墓墓主乙是戰國初期楚文化圈姬姓的曾國王侯，此墓出土的竹簡是目前所見年代最早的竹簡實物〔註25〕。該竹簡墨書體勢亦欹亦正，用筆十分精熟，一下筆重壓形成「三角形」起筆為其最大特徵，橫畫朝右上傾斜所造成的斜度使全篇字形有左傾的現象。下圖可見得竹書《周易》（左）較頓拙、纖細且提按變化不大的線條，與《曾侯乙墓竹簡》（右）重落的起筆以及尖銳筆鋒全然不同的書寫特徵。

竹書《周易》　　　　　　　　《曾侯乙墓竹簡》

〔註25〕林進忠：《認識書法藝術①　篆書》（臺北，國立臺灣藝術教育館，1997 年 4月），頁 63～68。

《曾侯乙墓竹簡》

二、信陽楚簡

一九五七年出土戰國中晚期楚簡，字形較扁，用筆粗細變化不大，橫畫斜度也較為平緩，呈現出穩重、厚實的樸拙之感。有別於其他大多以「柳葉

線〔註26〕」爲主的竹簡，《信陽楚簡》圖版左方的遺冊（右方爲古書），所見
形體肥瘦差別少的「棒狀線〔註27〕」筆畫，乍看與竹書《周易》主要書手（書
手D）的書風頗爲相似。

竹書《周易》書手D（簡40）　　　　　　《信陽楚簡》

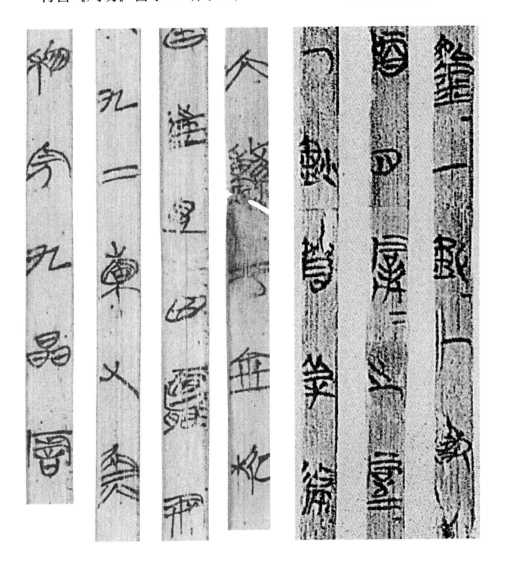

〔註26〕佐藤將之、王琇雯合譯，福田哲之著：《中國出土古文獻與戰國文字之研究》
　　　　（台北市，萬卷樓，2005 年 11 月），頁 165。
〔註27〕佐藤將之、王琇雯合譯，福田哲之著：《中國出土古文獻與戰國文字之研究》
　　　　（台北市，萬卷樓，2005 年 11 月），頁 165。

《信陽楚簡》的遣冊與古書

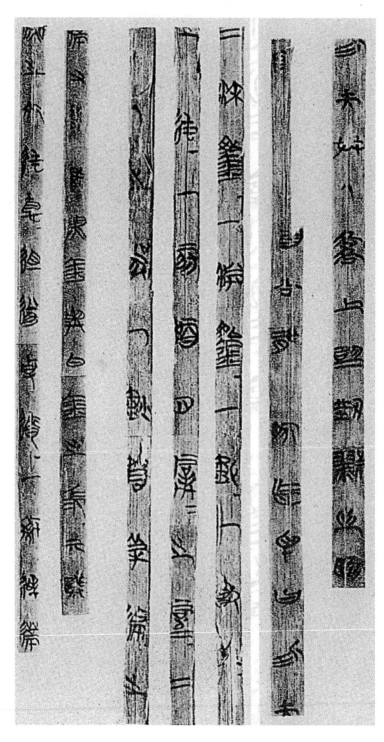

三、仰天湖楚簡

　　此竹簡一九五三年出土於湖南長沙仰天湖，內容爲墓葬之遺冊，其用筆多率意的氣息，起筆自然落下，收筆亦自然畫出，粗細之間自在揮灑，字形結體亦不刻意收束，顯得寬綽疏朗。竹書《周易》書手 C（簡 26）亦屬較爲隨興、自然的書風，與《仰天湖楚簡》相較，結體似乎還緊密些，但二者最大差別在於《仰天湖楚簡》忽緊忽鬆的字距表現，字形亦忽長忽短，使整體流露出豐富的變化與自然之趣。

竹書《周易》簡 26　　　　　　　《仰天湖楚簡》

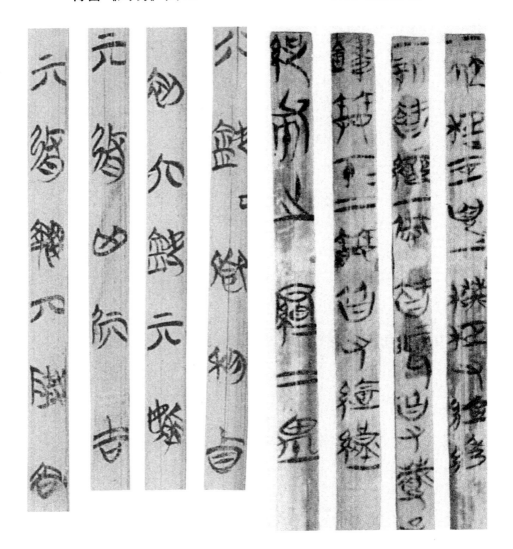

《仰天湖楚簡》

四、包山楚簡

　　一九八七年於湖北荊門的包山二號楚墓出土，屬戰國中晚期的楚國墨蹟書法，整體風格秀勁流暢，起筆輕輕點下即行筆，線條彎曲度明顯，收筆多向下方出鋒，橫線略爲傾斜，但斜度不一，在暢快圓曲的筆勢中，顯得自在瀟灑。竹書《周易》書手 A（簡 05）亦不時流露稍具圓弧狀的用筆，但整體而言，《包山楚簡》還是較爲一致，更富圓曲的動感。

竹書《周易》簡 05　　　　　　　　《包山楚簡》

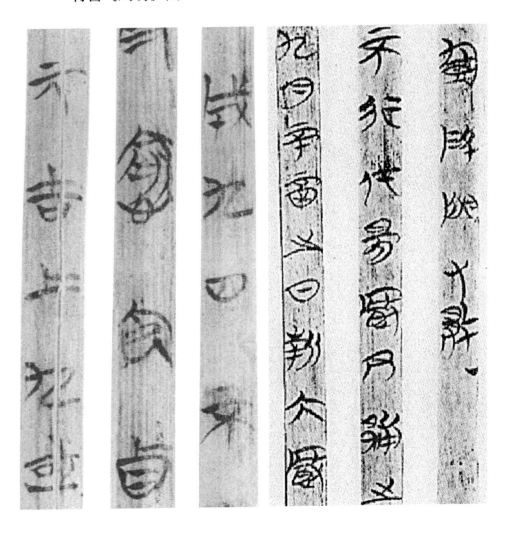

《包山楚簡》

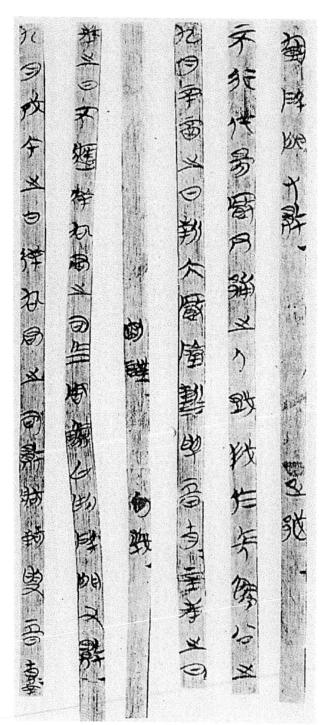

五、楚帛書

又稱爲《楚繒書》，於湖南長沙子彈庫的戰國楚墓中被盜掘出土，爲目前所知最早的戰國時期帛書墨蹟。此書蹟文字線條多爲圓弧狀，起收筆多停頓，字形體勢較扁，結體有緊湊亦有疏朗，字勢於欹正之間，極具風格。

竹書《周易》書手 D 書風與《楚帛書》有諸多相似處，如線條以裏鋒爲主、行筆間粗細變化不大且字形多寬扁等特點，然相較之下《楚帛書》圓弧狀線條較多，且線條質感大不相同，主要因素在於《楚帛書》書寫於布帛，而《周易》書寫於竹簡上，所形成的速度感與墨韻自然造成線質的差異。

《楚帛書》（局部放大）

竹書《周易》簡 18（局部）

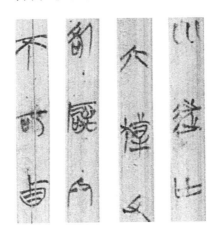

《楚帛書》

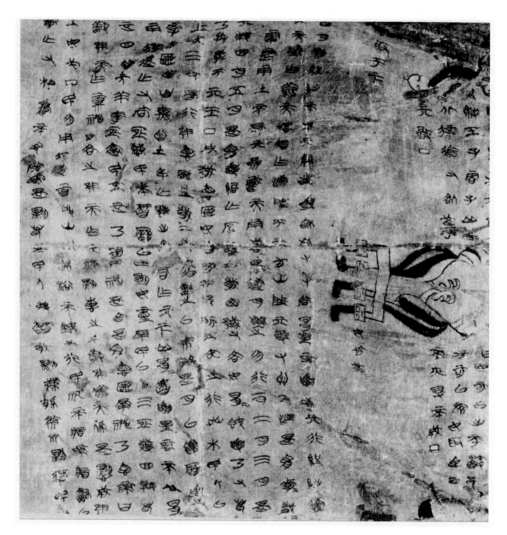

六、郭店楚簡

一九九三年出土於荊門郭店，出土竹簡 804 枚，有字簡 730 枚。內容主要是道家和儒家的著作，年代約為公元前四世紀末，不晚於公元前三百年，屬戰國中期偏晚的竹簡。有學者將之分為四類〔註 28〕，第一類常見於楚國簡帛，字形結構是楚國文字的本色，書法體勢則帶有「蝌蚪文」的特徵，可以說是楚國簡帛的標準字體（常見書風）；第二類出自齊、魯儒家經典抄本，但

〔註28〕書法空間：http://www.9610.com/xianqin/1.htm，2012 年 4 月瀏覽。

已經被楚國所「馴化」，帶有「鳥蟲書」筆勢所形成的「豐中首尾銳」的特徵，為兩漢以下《魏三體石經》、《漢簡》、《古文四聲韻》所載「古文」之所本；第三類用筆類似小篆，與服虔所見的「古文篆書」比較接近，應當就是戰國時代齊、魯儒家經典文字的原始面貌；第四類與齊國文字的特徵最為吻合，是楚國學者新近自齊國傳抄、引進的儒家典籍，保留較多齊國文字的形體結構與書法風格。

　　《郭店楚簡・緇衣》線條粗細變化大，與竹書《周易》書手 A 的特點相似，但也有不同之處，如《郭店》下半部常出現纖細而尖銳的長畫，《周易》則常出現彎曲的線條，各具特色。

竹書《周易》簡 25（局部）　　　　　　《郭店楚簡・緇衣》局部

《郭店楚簡・緇衣》

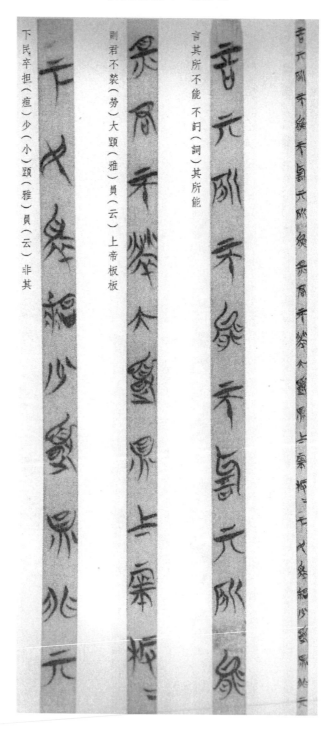

下民卒担（疸）少（小）顥（雅）員（云）非其

訓君不裝（勞）大顥（雅）員（云）上帝板板

言其所不能 不訂（詞）其所能

第四章　馬王堆帛書《周易》書法風格分析

第一節　帛書《周易》文字書風背景

馬王堆同墓出土的帛書中,《周易》與《老子》乙本、《相馬經》等被分作「漢隸」類,屬隸意較明顯的者,本節將分作「文字保有楚文字特點」、「文字隸變情況」、「通假與假借用字」三部分探尋帛書《周易》所使用的文字中,有那些具有出土於故楚地的特色,那些能明顯分辨出秦系文字脈絡,以及通假字的使用情形,其中包括字形結體的特徵、文字的使用習慣、文字線條的書寫等,皆必須仔細觀察、探究。

一、文字保有楚文字特點

帛書《周易》抄寫年代爲漢初時期(漢文帝時代),雖說漢承秦制,但在其出土地爲楚地的情況下,不免看出些許楚文字的遺跡,或爲文字的字形寫法,或爲文字的使用習慣(音、義的假借),皆可能有所承襲。

釋文	楚文字	帛書《周易》		說　明
吝	 57_15_畚_鄰	 二七下_32_嫛_吝		全文21「吝」字，「嫛」僅一例，其他皆爲「闇」，此借「嫛」爲「吝」爲楚文字的用字習慣〔註1〕，與帛書時代文字用法不同。
朋	 14_39_塱_朋	 五三上_07_堋_朋 三九下_15_倗_朋	 三四下_06_倗_朋 一三下_35_倗_朋	帛書「朋」加偏旁「土」、「山」、「人」等，與楚文字寫法接近，判斷應是受楚文字影響（或底本主體爲楚寫本〔註2〕）。
妾	 30_38_妾_	 八〇上_14_妾	 三下_02_妾_	「妾」字《說文》作，上半部從「辛」，楚文字從「立」，帛書與楚文字同而與《說文》小篆異〔註3〕。
亓	 26_24_亓_其	 九〇下_27_亓_其		「亓」、「丌」均爲「其」的古文異體字〔註4〕。

〔註1〕　魏慈德：〈馬王堆帛書《周易》經文的照片與底本用字問題〉，《文與哲》，第十七期，2010 年 12 月，頁 35。

〔註2〕　魏慈德：〈馬王堆帛書《周易》經文的照片與底本用字問題〉，《文與哲》，第十七期，2010 年 12 月，頁 31。

〔註3〕　黃文杰：《秦至漢初簡帛文字研究》，北京，商務印書館，2008 年 2 月，頁 33～42。

〔註4〕　黃文杰：《秦至漢初簡帛文字研究》，北京，商務印書館，2008 年 2 月，頁 33～42。

躬		馬王堆同墓出土的其他書籍 𦥑 字皆作「窮」，唯《周易》讀作「身」或「躬」，「躬」的用字現象（文字組成）與楚文字相同〔註5〕。
	54_35_躳_躬	一○下_窮_身（躬）	
無		甲骨文作 𣥏 為人所執而舞形，後至秦文字如 𣥏（春秋秦公鎛）、𣥏（睡虎地秦簡）等皆仍存「人（大）」形，但帛書《周易》中「無」字卻與楚簡字形較為相近。
	𣥏大王泊旱（上博四）	一三上_06_䍤_（無）	
輔		竹帛二字於通行本皆作「輔」，楚文字常借「父」聲之字表從「甫」聲之字〔註6〕，帛本借「父」聲字的現象與楚竹書同。
	49_16_頌_輔	六一下_21_胶_輔	

　　戰國中晚期左右，秦國開始積極向外擴張領土，與六國往來頻繁，使得秦國文字與六國文字溝通的機會大增，互相滲透、影響的情況自然是在所難免；而秦始皇統一後，雖罷六國古文，嚴明規定全國「書同文」，只許使用秦文字，但所謂的「秦文字」早已受過他國影響，加上故楚地的楚國遺民定是難改積習，於日常生活仍書寫著以往習慣的楚國文字，於是，從秦至漢初出土的簡牘帛書便容易見到文字相雜的情況。而帛書《周易》於馬王堆出土的帛書中，雖屬抄寫年代較晚者，但仍能發現含有些許楚文字特徵，可見文字演變是緩慢而漸進的過程，並非一時一人所能完全左右。

二、文字隸變情況

　　有關文字的「隸變」，一直是文字學者或書法學界關注的議題，「隸變」

〔註5〕 魏慈德：〈馬王堆帛書《周易》經文的照片與底本用字問題〉，《文與哲》，第十七期，2010 年 12 月，頁 24。
〔註6〕 魏慈德：〈馬王堆帛書《周易》經文的照片與底本用字問題〉，《文與哲》，第十七期，2010 年 12 月，頁 24。

'指的是文字從篆書演變成隸書的情形，因考古的發現，隸書形成的時代不斷被向上追溯，現在被認為戰國時代是隸書形成的時期〔註7〕。且由「解散篆體，改曲為直」、「省併」、「省略」、「偏旁變形」、「偏旁混同」等方面，可見隸書對篆書字形的改造〔註8〕。事實上，晚期的秦篆就是早期隸書的母體，篆、隸文字是在一體中逐漸衍化轉變的，秦篆、漢隸都只是一種概稱。此段試列若干帛書《周易》中未完全隸化的字形，並與金文、秦篆字例並列，以明顯辨別出帛書《周易》仍處隸變過程的文字書寫情況。值得一提的是，「秦篆」字例將簡牘文字與秦代刻石銘文同時列出，以見得「刊刻篆文」與「手寫秦篆」的差異，以及其間字形的變化。

釋文	金文	秦篆		帛書《周易》
君	西周　史頌段	戰國　石鼓文	睡虎地秦簡	一二下_20_君_
	「君」字仍保有篆形，但原「/」（平直的斜畫）呈「 丿 」形（具彎曲的角度），此時已出現典型漢隸的掠畫。			
茅（矛）	西周　夊簋	雲夢睡虎地秦簡		四六上_03_茅
	帛書字形明顯承秦篆，為圓弧曲線。			
王	西周　大盂鼎	戰國　石鼓文	睡虎地秦簡	五〇上_25_王_
	「王」字古形即如金文貌，象王權之斧鉞；帛書末橫加粗，靠近直畫處出現似金文肥筆相接的筆畫，仍存古意。			

〔註7〕　裘錫圭：《文字學概要》（台北市，萬卷樓，2010 年 10 月），頁 85～91。
〔註8〕　裘錫圭：《文字學概要》（台北市，萬卷樓，2010 年 10 月），頁 102～105。

復				
	西周　散氏盤	嶧山刻石（宋刊）	睡虎地秦簡	三九下_18_復_孚
	帛書右「复」的結體與金文、秦刻石相承，中間部分呈「口」形。			
並				
	西周金文		睡虎地秦簡	二九下_28_並_
	帛書字形承自金文、秦篆，呈「立立」的雙人形貌，唯秦簡形體中段「丶／」部分至帛書已成直立的「丨丨丨」貌。			
亦				
	西周　毛公鼎		睡虎地秦簡	二九上_16_亦_
	帛書與金文、秦篆同爲「大」下「〃丶」字形。			
折				
	西周　毛公鼎		睡虎地秦簡	四一下_15_折_
	金文與秦簡的「扌」旁至帛書已上下相連，但右「斤」仍爲篆形。			
有				
	西周　散氏盤	睡虎地秦簡	秦權量銘	四一下_02_有_
	帛書仍保有篆形，但第二畫較平（向右發展），能見得往後演變爲「橫畫」之跡。			
若				
	西周　毛公鼎		睡虎地秦簡	四一下_05_若_
	帛書字形與秦篆相承，上「艸」形已較平直，漸演變爲「⺿」貌。			

翼	 春秋　秦公鐘	 睡虎地秦簡	 五一上_15_翼_
	帛書下半部仍呈現篆形「」貌。		
老	 春秋金文	 睡虎地秦簡	 六八下_18_老_
	帛書字形上半部承自秦篆，下部「匕」訛爲「止」形，易與「走」字互訛。		
丁	 刎鼎	 睡虎地秦簡	 六八下_33_釘_頂
	帛書右「丁」形上部以肥筆塊面表現，與金文、秦篆相承。		
眾	 西周金文	 睡虎地秦簡	 七一下_14_眾_
	帛書字形與秦篆完全相同。		
庚	 西周金文	 睡虎地秦簡	 八二下_30_庚_
	帛書字形承金文、秦篆，唯上部「╲╱」已成平直的樣貌。		
野	 西周　大克鼎	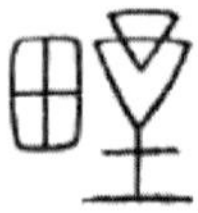  嶧山刻石（宋刊）　睡虎地秦簡	 四五上_09_野_
	帛書字形似秦刻石，可見刻石字體仍對字形演變具一定的影響力。		

出土的秦至漢初的簡牘帛書，爲戰國後期到漢武帝時代這段文字隸變的主要時期，提供了最直接也最貼近時代的文字書寫情況，文字從圓曲的篆形，漸變爲平直的隸書。此處我們所見的出土資料已爲表現得愈來愈方整的字形符號，銜接於《周易》帛書後，我們所熟知的「標準的漢隸」刻石，將更加平直化、規範化、標準化。

三、通假與假借用字

馬王堆帛書的通假字所占比例極高，約占總字數的 7%，而特殊用字（包含通假字、古今字、異體字、錯訛字）共有 5227 字，占所有字數的 8.1%〔註9〕，帛書《周易》爲其中一篇當然也不例外，魏慈德更認爲：「《周易》寫本中卦名受到底本用字的影響大於卦爻辭，而卦爻辭的通假用字也與書手時代的通假用字習慣有不一致的現象。」並指出帛書《周易》所用底本有楚地特色〔註10〕。更進一步能從卦名的通假用例推敲出與底本的關係。然因通假用字非本論文研究重點，故僅稍列舉數例，帛書〈六十四卦〉中的卦名與通行本比較後，排除掉有相同聲符及義近而通者，不同的有〔註11〕：

通行本	乾	坤	小畜	履	否	豫	蠱	臨	賁
	鍵	川	少	禮	婦	餘	箇	林	繁
帛書本									

通行本	無妄	坎	離	咸	睽	姤	巽	兌	中孚
	无孟	贛	羅	欽	乖	狗	筭	奪	中復
帛書本									

其中「豫」作「餘」（竹書作「余」）、「咸」作「欽」（與竹書同）、「姤」

〔註9〕 吳雲燕：《馬王堆漢墓帛書通用字研究》（上海，華東師範大學，2006 年），頁 94。

〔註10〕 魏慈德：〈馬王堆帛書《周易》經文的照片與底本用字問題〉，《文與哲》，第十七期，2010 年 12 月，頁 1～46。

〔註11〕 以下通假字資料參魏慈德：〈馬王堆帛書《周易》經文的照片與底本用字問題〉，《文與哲》，第十七期，2010 年 12 月，頁 26～28。

作「狗」（竹書作「敏」）與竹書《周易》相近。

〈六十四卦〉將〈離〉寫作「羅」的用法，亦見《天子建州》「必中青（情）以離（羅）於勿（物）」（簡4），及銀雀山漢簡《孫臏》篇的通假用例，「羅」、「離」兩字皆來母歌部字，兩者通假的用法，從楚簡到漢簡中都可見。而借「禮」爲「履」，除見於卦名外，〈坤〉初六「履霜堅冰至」（四四下）、〈離〉初九「履錯然」的「履」（六九上），〈六十四卦〉都作「禮」。

「筭」字爲「算」，《說文·卷五上·竹部》「筭，長六寸所以計厤數者，從竹弄」，同篇又見「算，數也。從竹具，讀若筭」。段注以爲「筭爲算之器，算爲筭之用，二字音同而義別。」「筭」字又見《睡虎地秦簡·日書乙種》「不可卜筭爲屋」（簡191貳），及《張家山漢簡》的「筭（算）數書」（簡6背）。「算」、「巽」皆爲心母元部字，音同故通。

其次通行本〈剝〉，〈六十四卦〉作「剝」，阜陽簡則作「僕」（簡112），借「僕」爲「剝」也見於帛書〈旅〉六二爻辭中，通行本「得童僕貞」，帛書作「得童剝貞」（七三上），其也是漢人習慣的通假用法。

第二節　帛書《周易》書法風格特色

此節將作帛書《周易》的書風分析，由圖版及局部放大的細節內容，將「用筆方式與線條特徵」、「文字造形與結體特色」、「個別空間與整體章法」等分項討論，以見帛書《周易》已漸趨向規整「八分」隸書的書法風格特色。

一、用筆方式與線條特徵

（一）筆鋒與提按

此段由橫畫的起收筆以及運筆時的提按變化爲主，分析帛書《周易》的用筆方式，至於線條的歸納與分類（此段包括起收筆與提按頓挫的判斷等），去除圖版不清所造成識別困難的因素，當然仍有些模糊地帶與歸類的盲點，只能於主觀視點中盡量達到客觀需求。

1、橫畫起筆

從字例的分析，歸納出帛書《周易》橫畫起筆的種類，並由幾個橫畫並排的字例觀察起筆的組合變化。

釋文	起 筆 字 例			起筆種類
二	ⓒ－ⓐ	ⓓ－ⓓ	ⓑ－ⓑ	ⓐ方起 ⓑ圓起 ⓒ切起 ⓓ蠶頭
	二五上_17	二七上_25	四一上_25	
	ⓑ－ⓒ	ⓐ－ⓓ	ⓐ－ⓑ	
	八六上_21	四三上_21	九〇上_21	
	「二」字兩橫並列，可明顯觀察出起筆的不同。以【二五上_17】爲例，第一筆稍露出筆鋒，可看出筆鋒下切之痕，而第二筆則爲藏鋒、較方平的起頭；【四一上_25】二橫皆爲圓起（但相較之下「圓」的程度與形貌不盡相同）；【二七上_25】二橫起筆皆爲蠶頭，遠承青川木牘及部分睡虎地秦簡（如〈效律〉）所見者，呈現出成熟隸書的特徵。			
三	ⓑ－ⓑ－ⓑ	ⓑ－ⓐ－ⓒ	ⓑ－ⓓ－ⓓ	ⓐ方起 ⓑ圓起 ⓒ切起 ⓓ蠶頭
	四一下_07	四六下_04	三三上_19	
	ⓑ－ⓑ－ⓒ	ⓐ－ⓑ－ⓑ	ⓓ－ⓓ－ⓓ	
	三四上_23	一五下_13	四九上_27	
	「三」字最明顯的特點在於其連續三橫並列，而觀察每字書寫的情況，就起筆而言，單字每橫起筆或相似、或相異；而字與字間起筆又容易「組合」的不同，形成不同的視覺感受。【四一下_07】爲三筆皆圓起的組合，線條看來較爲渾厚，大多字例爲「綜合型」起筆的多類組合，如【一五下_13】第一筆屬方起，而二、三筆則爲圓起，又雖同爲圓起，仍有粗細、輕重的不同；更顯見於【三四上_23】，第一、二筆起筆同爲圓起，但第一筆大大重壓形成一渾圓又厚重的起頭，與第二筆的「圓起」同中見異，又第三筆重壓、藏鋒的情況下，同時出現側筆斜切的角度，又與前兩筆橫畫起筆大大不同。而【四九上_27】三筆皆出現蠶頭，可見當時橫畫起筆已呈現近似東漢碑刻《乙瑛碑》等隸書的特徵。			

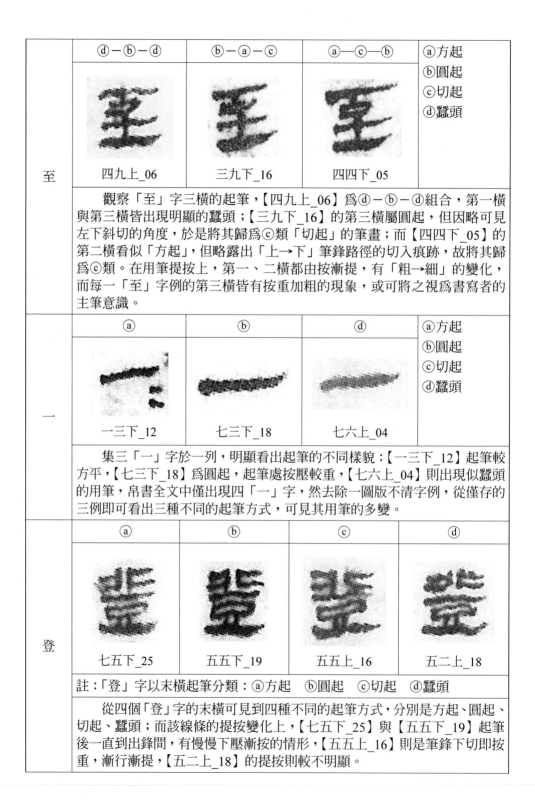

ⓓ－ⓑ－ⓓ	ⓑ－ⓐ－ⓒ	ⓐ－ⓒ－ⓑ	ⓐ方起
			ⓑ圓起
			ⓒ切起
			ⓓ蠶頭

| 至 | 四九上_06 | 三九下_16 | 四四下_05 |

觀察「至」字三橫的起筆，【四九上_06】為ⓓ－ⓑ－ⓓ組合，第一橫與第三橫皆出現明顯的蠶頭；【三九下_16】的第三橫屬圓起，但因略可見左下斜切的角度，於是將其歸為ⓒ類「切起」的筆畫；而【四四下_05】的第二橫看似「方起」，但略露出「上→下」筆鋒路徑的切入痕跡，故將其歸為ⓒ類。在用筆提按上，第一、二橫都由按漸提，有「粗→細」的變化，而每一「至」字例的第三橫皆有按重加粗的現象，或可將之視為書寫者的主筆意識。

ⓐ	ⓑ	ⓓ	ⓐ方起
			ⓑ圓起
			ⓒ切起
			ⓓ蠶頭

| 一 | 一三下_12 | 七三下_18 | 七六上_04 |

集三「一」字於一列，明顯看出起筆的不同樣貌：【一三下_12】起筆較方平，【七三下_18】為圓起，起筆處按壓較重，【七六上_04】則出現似蠶頭的用筆，帛書全文中僅出現四「一」字，然去除一圖版不清字例，從僅存的三例即可看出三種不同的起筆方式，可見其用筆的多變。

| ⓐ | ⓑ | ⓒ | ⓓ |
| 登 | 七五下_25 | 五五下_19 | 五五上_16 | 五二上_18 |

註：「登」字以末橫起筆分類：ⓐ方起　ⓑ圓起　ⓒ切起　ⓓ蠶頭

從四個「登」字的末橫可見到四種不同的起筆方式，分別是方起、圓起、切起、蠶頭；而該線條的提按變化上，【七五下_25】與【五五下_19】起筆後一直到出鋒間，有慢慢下壓漸按的情形，【五五上_16】則是筆鋒下切即按重，漸行漸提，【五二上_18】的提按則較不明顯。

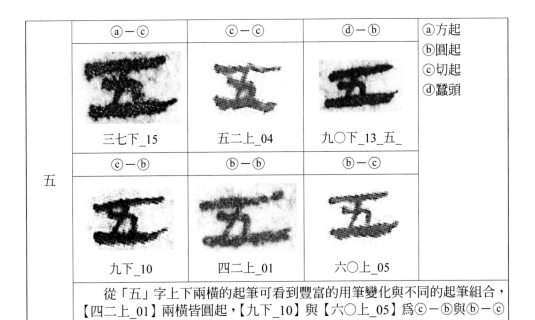

ⓐ－ⓒ	ⓒ－ⓒ	ⓓ－ⓑ	ⓐ方起
三七下_15	五二上_04	九〇下_13_五_	ⓑ圓起
ⓒ－ⓑ	ⓑ－ⓑ	ⓑ－ⓒ	ⓒ切起
九下_10	四二上_01	六〇上_05	ⓓ蠶頭

從「五」字上下兩橫的起筆可看到豐富的用筆變化與不同的起筆組合，【四二上_01】兩橫皆圓起，【九下_10】與【六〇上_05】為ⓒ－ⓑ與ⓑ－ⓒ的相反組合，【五二上_04】則是少見地兩橫皆出現斜切下筆的現象。

2、橫畫收筆

釋文	收　筆　字　例			收筆種類
二	頓收＋雁尾：ⓐ－ⓒ			ⓐ頓收
	五〇上_18	七五上_20	七一上_28	ⓑ尖收
	尖收＋雁尾：ⓑ－ⓒ			ⓒ加重上揚雁尾
	五六上_12	八〇上_21	一〇上_28	
	自然尖出：ⓑ－ⓑ			
	四上_16	二上_25	九二上_22	

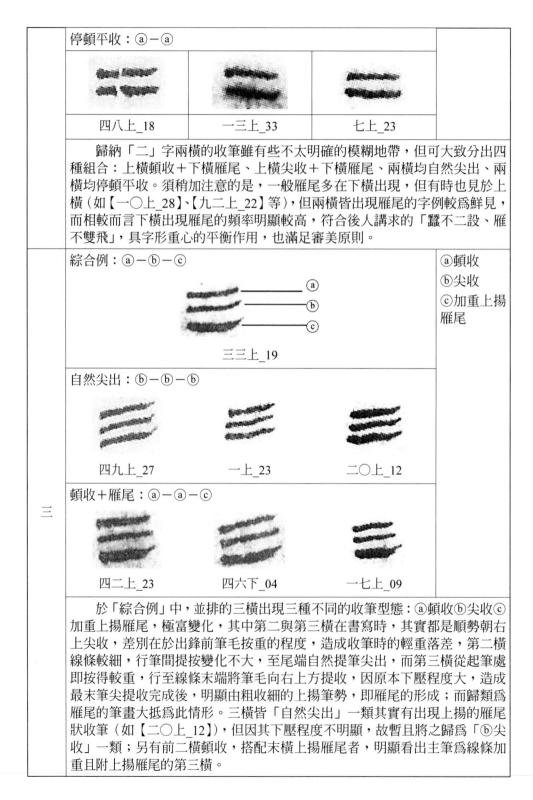

停頓平收：ⓐ－ⓐ		
四八上_18	一三上_33	七上_23

　　歸納「二」字兩橫的收筆雖有些不太明確的模糊地帶，但可大致分出四種組合：上橫頓收＋下橫雁尾、上橫尖收＋下橫雁尾、兩橫均自然尖出、兩橫均停頓平收。須稍加注意的是，一般雁尾多在下橫出現，但有時也見於上橫（如【一〇上_28】、【九二上_22】等），但兩橫皆出現雁尾的字例較爲鮮見，而相較而言下橫出現雁尾的頻率明顯較高，符合後人講求的「蠶不二設、雁不雙飛」，具字形重心的平衡作用，也滿足審美原則。

三	綜合例：ⓐ－ⓑ－ⓒ			ⓐ頓收 ⓑ尖收 ⓒ加重上揚雁尾
	三三上_19			
	自然尖出：ⓑ－ⓑ－ⓑ			
	四九上_27	一上_23	二〇上_12	
	頓收＋雁尾：ⓐ－ⓐ－ⓒ			
	四二上_23	四六下_04	一七上_09	

　　於「綜合例」中，並排的三橫出現三種不同的收筆型態：ⓐ頓收ⓑ尖收ⓒ加重上揚雁尾，極富變化，其中第二與第三橫在書寫時，其實都是順勢朝右上尖收，差別在於出鋒前筆毛按重的程度，造成收筆時的輕重落差，第二橫線條較細，行筆間提按變化不大，至尾端自然提筆尖出，而第三橫從起筆處即按得較重，行至線條末端將筆毛向右上方提收，因原本下壓程度大，造成最末筆尖提收完成後，明顯由粗收細的上揚筆勢，即雁尾的形成；而歸類爲雁尾的筆畫大抵爲此情形。三橫皆「自然尖出」一類其實有出現上揚的雁尾狀收筆（如【二〇上_12】），但因其下壓程度不明顯，故暫且將之歸爲「ⓑ尖收」一類；另有前二橫頓收，搭配末橫上揚雁尾者，明顯看出主筆爲線條加重且附上揚雁尾的第三橫。

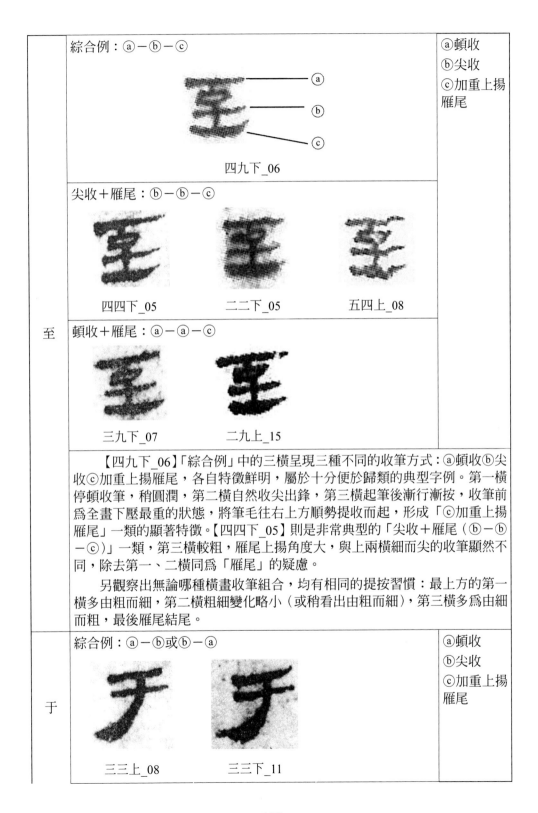

綜合例：ⓐ－ⓑ－ⓒ		ⓐ頓收
四九下_06		ⓑ尖收
尖收＋雁尾：ⓑ－ⓑ－ⓒ		ⓒ加重上揚雁尾
四四下_05　二二下_05　五四上_08		
頓收＋雁尾：ⓐ－ⓐ－ⓒ		
三九下_07　二九上_15		

至

【四九下_06】「綜合例」中的三橫呈現三種不同的收筆方式：ⓐ頓收ⓑ尖收ⓒ加重上揚雁尾，各自特徵鮮明，屬於十分便於歸類的典型字例。第一橫停頓收筆，稍圓潤，第二橫自然收尖出鋒，第三橫起筆後漸行漸按，收筆前為全畫下壓最重的狀態，將筆毛往右上方順勢提收而起，形成「ⓒ加重上揚雁尾」一類的顯著特徵。【四四下_05】則是非常典型的「尖收＋雁尾（ⓑ－ⓑ－ⓒ）」一類，第三橫較粗，雁尾上揚角度大，與上兩橫細而尖的收筆顯然不同，除去第一、二橫同為「雁尾」的疑慮。

另觀察出無論哪種橫畫收筆組合，均有相同的提按習慣：最上方的第一橫多由粗而細，第二橫粗細變化略小（或稍看出由粗而細），第三橫多為由細而粗，最後雁尾結尾。

綜合例：ⓐ－ⓑ或ⓑ－ⓐ		ⓐ頓收
于	三三上_08　三三下_11	ⓑ尖收 ⓒ加重上揚雁尾

	停頓平收：ⓐ－ⓐ	
	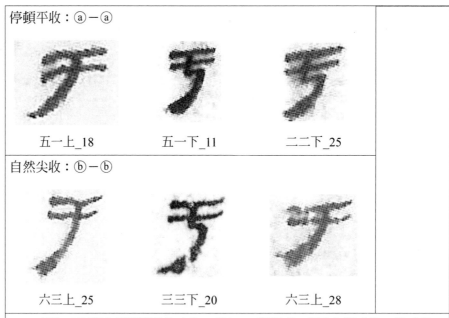	
	五一上_18　　　　五一下_11　　　　二二下_25	

自然尖收：ⓑ－ⓑ

六三上_25　　　　三三下_20　　　　六三上_28

　　「于」字例以「停頓平收（ⓐ－ⓐ）」一類最多，「綜合例（ⓐ－ⓑ或ⓑ－ⓐ）」略少，兩筆均自然尖收的字例最少。

　　推測書寫者可能意識到第三筆（豎鉤）為主筆，於是書寫前兩橫時多不加以誇張表現，故多停頓平收，唯【三三下_11】一例第一橫幾乎表現出上揚的雁尾，但第二橫隨即和緩頓收，其餘收尾多稍加停頓，造成圓潤的收尾。

　　而「自然尖收（ⓑ－ⓑ）」一類，兩橫在收筆時多有變細並稍稍上揚的現象，但不至於如「雁尾」較強的按壓程度，以及較大的上揚角度，由此仍能突出末畫主筆的表現。

五	頓收：ⓐ－ⓐ	ⓐ頓收
	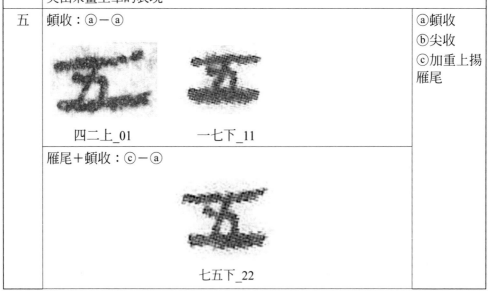	ⓑ尖收
	四二上_01　　　　一七下_11	ⓒ加重上揚雁尾

雁尾＋頓收：ⓒ－ⓐ

七五下_22

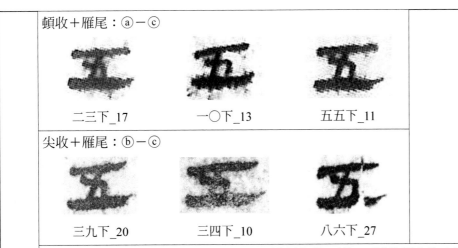

頓收＋雁尾：ⓐ－ⓒ		
二三下_17	一〇下_13	五五下_11
尖收＋雁尾：ⓑ－ⓒ		
三九下_20	三四下_10	八六下_27

　　「五」字共 54 例，上橫爲雁尾，下橫頓收僅一例，兩橫皆頓收的字例僅兩例，「頓收＋雁尾（ⓐ－ⓒ）」與「尖收＋雁尾（ⓑ－ⓒ）」兩類約占各半，而即使是兩橫皆頓收的字例，收筆也有略爲上揚的趨勢，可見幾乎每個「五」字皆出現「雁尾」的收筆情況，且多半呈現在下方的橫畫。從「尖收＋雁尾（ⓑ－ⓒ）」一類觀察到上橫的尖出情形，有時也許因稍上揚的出鋒，而出現似「雁尾」的收筆，但能歸於「ⓒ加重上揚雁尾」類的仍多出現於最下方的橫畫主筆。

（二）誇張主筆表現

　　此段將帛書《周易》中，能明顯觀察出主筆的字例列出，並以主筆的表現作歸類：「橫畫」、「左鉤」、「撇」、「捺」、「右鉤」等，並加以討論、分析其特徵。

1、橫　畫

釋文	「誇張主筆」字例－橫畫		說　　明
上	四〇上_12	三五上_20	左表的字例示意，可歸納出主筆表現在橫畫時，常出現三個特徵： （1）線條較其他筆畫粗。 　　如「王」、「塭」等，下方的橫畫主筆明顯粗於該字的其他筆畫，甚至多出二～三倍的按壓程度。 （2）多有上揚雁尾。 　　除了筆畫加粗，伴隨上揚的雁尾也是橫畫主筆表現的特點，當然向上的角度或大或小，上揚的底端或圓或方，均富含些微差距在其中。
王	二三下_20	九〇上_03	

之			（3）多出現於該字的最下方。 　　若字中出現加粗的線條，並伴隨著雁尾的橫畫主筆，則其位置多在字的最下方，如此有助於穩定字形結構，具有平衡文字重心之效。
	四〇上_14	八七上_04	
塭			
	二一下_22		
豐			
	四一上_01	四一上_26	

2、左　鈎

釋文	「誇張主筆」字例－左鈎				
于					
	四九上_07	六六下_25	八九上_04	九〇上_05	（凡 62 例）
子					
	九一上_32	五一上_17	四八上_28	七〇上_34	（凡 34 例）
可					
	二五上_06	八下_09	三五上_10	三五上_06	（凡 11 例）

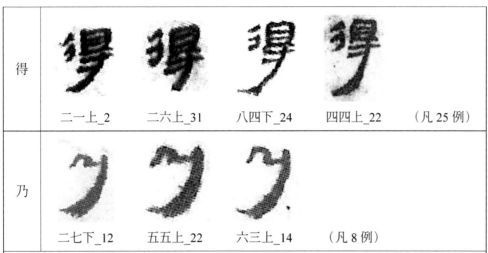

| 得 | 二一上_2 | 二六上_31 | 八四下_24 | 四四上_22 | （凡 25 例） |

| 乃 | 二七下_12 | 五五上_22 | 六三上_14 | （凡 8 例） |

　　「左鉤」的筆法除「乃」字爲橫折彎鉤外，其他字例多爲「豎鉤」的筆畫，而用筆方式爲下筆後朝左下方書寫，漸漸按壓加重至筆畫末端，再朝左上方提筆收束筆毛，收筆處呈現向左上方斜翹的「雁尾」貌，而其中按重的程度、傾斜的角度並不完全相同，或尖銳單薄（如：于【六六下_25】、得【八四下_24】等）或圓潤渾厚（如：于【四九上_07】、乃【五五上_22】等），或平緩（如：于【六六下_25】、可【二五上_06】等）或陡峭（如：子【五一上_17】、乃【六三上_14】等），可見雖用筆法大致相同，但仍能因掌控程度的不同而產生豐富的變化與書寫趣味。

3、撇

| 釋文 | 「誇張主筆」字例－撇 | | | | |

| 少 | 二一上_25 | 二〇下_09 | 五上_26 | 七三上_02 | （凡 8 例） |

| 涉 | 六八下_31 | 五上_17 | 八八上_07 | 七上_07 |

　　「撇」的寫法與「左鉤」略同，在起收筆與行筆間漸行漸按的用筆方式十分相似，唯「撇」的傾斜度稍大，同爲朝左下方書寫，「左鉤」朝「下」之意多，而「撇」則朝「左」的意思稍多。「少」、「涉」二字以撇爲主筆，運筆時的粗細變化並不太大，但仍看得出筆鋒向下按壓後撇出的用筆方式，相較之下「少」字主筆顯得較爲肥厚，「涉」字則較爲挺拔，出鋒稍飄逸些。

4、捺

釋文	「誇張主筆」字例－捺			
夫	六八下_23	七五下_15	八四上_31	
歸	八六上_03	三七上_01	三七上_10	三七下_18
受	二六下_33	二九下_29		
人	四二上_22	九一上_02	四上_06	四上_21　（凡63例）
大	四下_08	四八上_14	五五上_06	二四上_11　（凡46例）
永	四五上_17	三六上_05	二三上_06	五上_23

　　字中若有「捺」畫，則往往成爲該字主筆，由上方字例可知帛書《周易》的捺畫主筆表現多有加重、加粗的特性，且以雁尾收筆，而線條拉長與否則視字形與書寫者對結構的表現而定，並無一定的原則，如「永」字即有主筆拉長（【四五上_17】）與未拉長（【二三上_06】）的寫法。而雁尾的出鋒變化也不盡相同，以同字爲例，「大」的捺畫雁尾或長而平緩（如【四八上_14】），或短而斜翹（如【五五上_06】）；筆鋒的出鋒方向以「人」字爲例，或朝右下（如【四上_21】），或朝右上翹（如【四上_06】），或稍平緩（如【九一上_02】），其中諸多變化，細微而豐富。

5、右　鈎

　　「右鈎」的用筆方式與「捺」十分相似，向右下方按重後，如「雁尾」般收筆，唯下拉的程度一般較捺畫來得長，且輕重明顯；以下將「心」部、「戈」部、「衣」部、以及「其他－右彎鈎」等用筆特徵極爲相似的字例歸爲此類，並稍作分析說明。

（1）「心」部

釋文	「誇張主筆」字例－心部				
心	二九下_21	二一上_06	一〇下_06	一〇上_37	（凡8例）
快	三七下_29	七三下_13	一〇上_39		
思	六一下_09	九〇下_11			
忘	四六上_20				

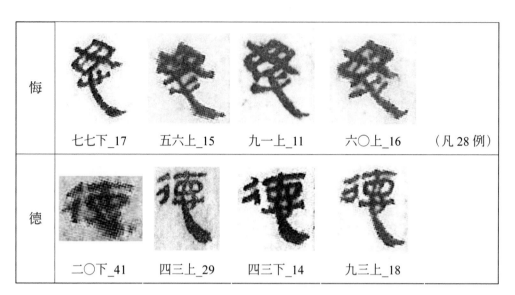

悔	七七下_17	五六上_15	九一上_11	六〇上_16	（凡28例）
德	二〇下_41	四三上_29	四三下_14	九三上_18	

（2）「戈」部

釋文	「誇張主筆」字例－戈部	
成	五下_21	三四下_20
或	八八下_11	八八下_15

（3）「衣」部

釋文	帛書「誇張主筆」字例－衣部
衣	二六下_12

初	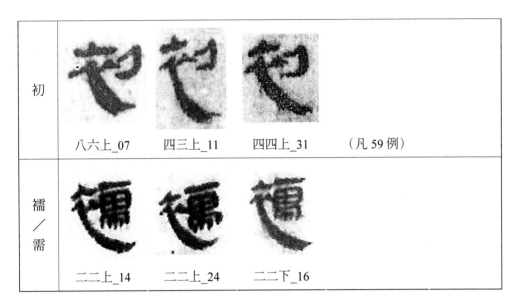
	八六上_07　　四三上_11　　四四上_31　　　（凡 59 例）
襦／需	二二上_14　　二二上_24　　二二下_16

（4）其他－右彎鉤

釋文	帛書「誇張主筆」字例－右彎鉤			
兇				
	一二下_02	八四下_35	四二上_27	五六上_21　　（凡 16 例）
无				
	三三下_36	八六上_18	四六下_09	九二上_19　　（凡 133 例）
先				
	八二下_25	二下_29	二〇上_06	四四上_14

光			
	八五下_02	二二上_04	七七下_22
已			
	一一上_16	一三上_23	一五上_27
見			
	五五上_05	二四上_10	七五上_14
死			
	六九下_11	六九下_11	

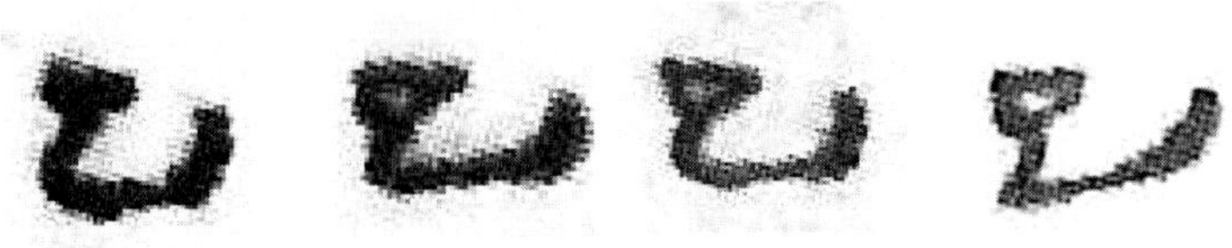

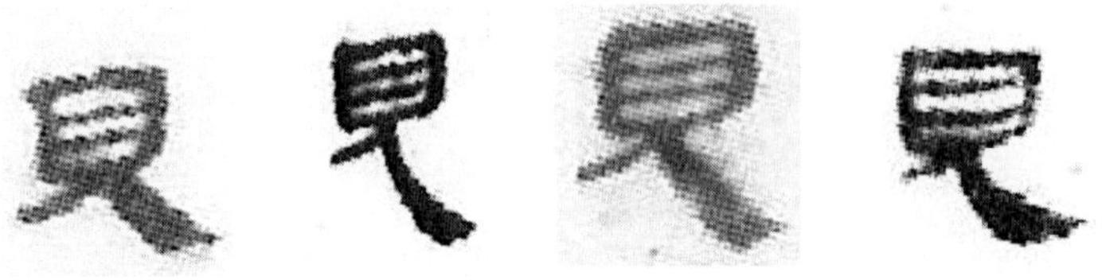

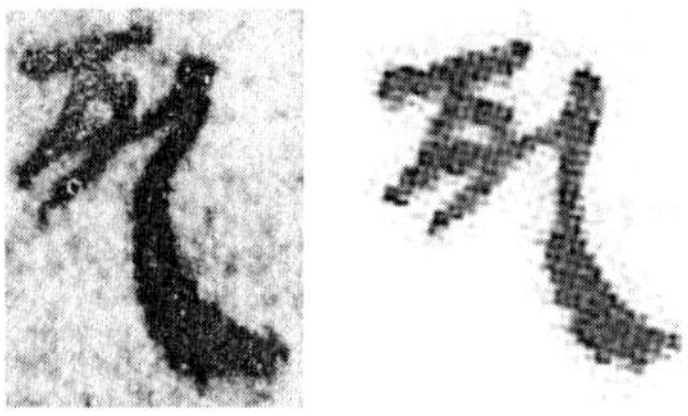

（已 六六下_18）
（見 一上_14 （凡 19 例））

　　此段舉出帛書《周易》字例中，能明顯觀察出主筆者，並作「橫畫」、「左鉤」、「撇」、「捺」、「右鉤」等歸類，由分析可知，這些字例有共同的現象：多將主筆線條加重、加粗，並伴隨著尾端下壓按重收束後的「雁尾」，有些更拉長主筆，加強筆毛提按間所造成的粗細變化，使主筆特徵更為誇張而鮮明。

（三）線條平直化

　　筆畫的平直化是漢字發展的總的趨勢〔註 12〕，從西周金文多曲折圓轉的線條，到戰國秦篆的字形發展，能見著筆畫逐漸平直化的漸進過程，而到了

〔註 12〕黃文杰：《秦至漢初簡帛文字研究》，北京，商務印書館，2008 年 2 月，頁 46。

帛書《周易》的漢代，更鮮明的線條平直化特徵反映出隸書已臻成熟的特點，若更進一步討論，線條的平直化則必然地影響著文字結體的方正化，此將於下段作探討，本段主要提出線條平直化的字例，並加以說明。

釋文	金石銘文	帛書《周易》		說　　明
子	西周　大克鼎	一五下_09	八五上_19	金文「子」字上方的橢圓的「頭形」於筆畫平直化後，呈現似「梯形」的樣貌，而下方「雙手朝上」之形也平直化，甚至已以橫畫一筆帶過。
見	西周　史牆盤	七五上_14		金文「見」字上方的「目形」外框以弧線表示，帛書則已呈現平直的長方形；下方人形金文亦為具弧度的曲線，帛書則往「／」、「＼」兩個較為平直的方向書寫。
于	戰國　石鼓文	四六上_23	八九上_04	帛書「于」字的兩種寫法皆有筆畫平直化現象，【四六上_23】直畫向下寫出一橫折向左的弧鉤，【八九上_04】則索性直接朝左下方直下，皆較石鼓文彎曲的圓弧線平直許多。
川	先秦貨幣	四四上_01	八八上_09	於先秦貨幣所見「川」字三畫皆為彎曲的S形，然帛書中13個「川」字例見得類似形體的僅3例，大多為【八八上_09】較平直的三直線。

二、文字造形與結體特色

　　此部分就「字形特色」、「部件特徵」、「形體辨異」、「主筆彰顯與字形重心取向」等，層層分析帛書《周易》的文字造形與結體方式，期能歸納出本帛書的文字形體特色。

（一）字形特色

1、結體方正化

結體的「方正化」爲帛書《周易》於文字形體演變上的主要特徵，也是秦至漢初的一部分簡牘帛書在線條平直化後，所帶動更進一步的結構特色，帛書《周易》中的文字無論是長形、方形、扁形，皆爲「結體方正化」框架下的類型，本段舉出《雲夢睡虎地秦簡》與帛書《周易》相同的字例，說明同爲「筆畫平直化」特徵下，帛書《周易》更富「結體方正化」的字形特色。

釋文	雲夢睡虎地秦簡	帛書《周易》	說　明
容		一八下_21	帛書「容」字呈方扁形，上方「宀」部方正直下幾乎框住內部筆畫，內「谷」字筆畫全朝左右發展，下方「口」形寬扁亦配合了全字方整的樣貌。
居		九〇下_21	帛書「居」字朝橫向發展的意思較多，秦簡「尸」的左撇稍彎曲，帛書則較垂直向下，下方「口」形亦呈方扁狀，與秦簡較渾圓飽滿具有微微弧度的外形不同。
出		九〇下_31	「出」字最大的差別在下方與字中兩「凵」形開口的直畫，秦簡皆具向外的斜度，帛書則較直正。其實兩字寫法極爲相近，由此相較之下，又更能明顯看出帛書「結體方正化」的特色。
見		二四上_10	秦簡「見」字上半部雖已是「正目形」，但仍多圓弧用筆，帛書則爲十分方正的長形外框，使全字方整的感覺又更加明確。
吉		九一上_22	帛書「吉」字下半部「口」形呈方扁造形，與秦簡的倒三角形「▽」明顯不同，也因此帛書更多了「方正化」的意味。

2、長形與寬扁結體

帛書《周易》的文字外輪廓以方形以及略扁的方形爲主體，但也有少數

左右較窄的長形字，與上下特別受壓縮的寬扁字形，舉例如下：

釋文	長形字例	說　明	釋文	寬扁字例	說　明
下	八二下_39	「下」字右點雖特別加重，但拉長全字的豎畫才是主筆。	小	三三上_20	「小」字橫向排列的三點自然形成其寬扁字形。
獲	六九下_34	「獲」字的結構特色在於筆畫集中上半部，依附拉長的豎畫。	而	八五上_03	「而」字習慣將橫畫朝左右拉長，形成此寬扁字形的關鍵。
悔	一〇下_20	「悔」字筆畫集中於上半部，下方作「心」部的加長延伸。	亡	九一上_12	「亡」字直畫短而橫向筆畫較長，造成此字成寬扁形。
尊	八五上_05	「尊」字上半部筆畫朝橫向層層向下相疊，下方朝左的弧鈎拉出字內疏密變化。	人	九一上_02	「人」字捺畫朝右下方書寫，但朝右開展之意濃，又左撇而彎曲，使字形更加寬扁。
群	九〇下_02	「群」字由上方七橫的堆疊，搭配直豎的拉長，使字形呈現狹長狀。	不	八五上_04	「不」字的橫、撇、捺皆爲向左右開展的筆畫，只要直畫稍短，即易呈現寬扁字形。

　　由以上分析可知，形成狹長字形的共同原因有：（1）該字上下相疊的筆畫較多，且多集中上半部；（2）多具向下拉長的主筆－直畫或長撇、長捺；（3）字內有豐富的疏密變化。而寬扁字形的形成原因多半是：（1）以朝橫

向發展的筆畫爲主筆－橫畫、右捺；（2）該字筆畫較少，且直畫較短（如「小」、「亡」）。

3、字內的幾何特徵

三　角　形		方　形	圓　形
三六上_23_尚	一五上_27_已	四〇上_04_公	四六上_03_茅
六七上_08_山	三六下_05_茲_災	八四上_10_西	二六下_20_鄰
二五下_08_節	三七上_25_幽	三九上_15_宿	二九上_14_q02_汔
三九下_01_從	九〇下_29_去	以廣義的文字造形來說，本帛書字形大多爲方形，此處特別舉出的是字內局部也有確切「方形」的字例，以見其由內而外的字形特徵。	字內含圓形的字例於本帛書最爲少見，由此可看出前述「結體方正化」的結構特性十分鮮明，而此處的圓轉多半是由篆書演變而來的書寫特徵。
山、節、從等字爲筆畫相黏的黑所造成的三角形，其他多爲筆畫連接所構成的三角形空間。			

（二）部件特徵

1、部件位置未定型

偏旁位置不固定的現象在先秦文字中是相當突出的，到了戰國末期，秦國正體篆文的偏旁位置已相對固定〔註13〕，而到了漢代，偏旁、部件的位置

〔註13〕黃文杰：《秦至漢初簡帛文字研究》，北京，商務印書館，2008 年 2 月，頁 76。

應該更加明確，但於帛書《周易》中，仍能見著少許部件位置未定型的字例：

釋文	字　例	說　明
羉	 二九上_20	「羉」、「賣」、「品」、「飛」四字爲上下移位的字例，前三字爲部件上下移位，「飛」字作「翡」形，爲偏旁上下移位。前三字又分別爲「田」、「十」、「口」形的重複部件組合，可見得重複部件的上下移位可能爲此時期在文字書寫上常見的現象。
賣	 九〇上_23	
品	 八二下_11	
飛	 三五上_13　　　三五上_27	
豚	 八八上_03	此類爲「左右→上下」的移位，以左表爲例，本爲左邊的「肉」、「水」偏旁，卻往右半部的下方塞，另如「悔（ 【九〇上_18】）」偏旁也是如此，此現象出現頻率較高，爲一常見的部件移位現象。
沱	 六九下_19	

2、偏旁草化與規範化

釋文	字例一	字例二	字例三	說　明
言	八六上_17_言	三四下_22_諭	五下_26_訟_	「言」字單寫時字形十分統一，而作為部首則有不同程度的簡化現象。
角	七二上_10_角_	三一上_16_觴	三九下_25_解_	「角」作單字仍見框內二「人」形，作為部首時則草化為兩橫。
金	七九下_02_金_	六一上_01_欽	三一上_15_釚_七	「金」部寫法固定為上方一右點，下方左右各一點。
鳥	三五上_14_鳥_	八八上_22_鳴_	八六上_22_瑪_鴻	「鳥」部的統一寫法，唯下方從「匕」形變化而來的四點有時寫法不盡相同。
阜	六一下_22_陝_	六六下_09_隋_	八六下_31_陵_	「阜」部統一為三橫折相連的寫法。
水	八六上_26_酒_	八七上_10_漸_		「水」部已規範化為三短橫。

止	八二上_17_武_	四下_04_武_	八六上_03_歸_	五上_36_歸_
辵	六六下_17_道_	八四上_16_道_	三五下_32_過_	八二上_14_進_

「止」部與「辵」部的寫法著眼於「止」形的草化現象，多呈「Z」字形，「辵」部亦有與上方筆畫連接的草化寫法，而末畫或短收，或延伸拉長以雁尾收筆，寫法多變，可見當時並未加以規範。

（三）形體辨異

此段分三部分「形近字之辨」、「單字結構變化」及「特殊寫法舉隅」，觀察並分析帛書《周易》中特殊的字例與同字書寫的結體變化。

1、形近字之辨

秦漢簡牘帛書中許多文字形體十分相似，需從其筆畫的長或短、連或斷，書寫的順序、方向等仔細觀察審視，否則在識別與判讀上常容易因混淆而產生錯誤，有些字例甚至無法憑字形分辨，僅能從前後詞意進行推敲，以下提出本帛書中，三組形近字加以分析：

1－1 來－未－求

釋文	形 近 字 例		說 明
來	二九上_12_	三九上_09	（1）「來」，甲骨文作來，《說文》篆文來，秦漢簡牘寫法與本帛書類似：來（睡虎地）來（銀雀山），左右的「人」皆由豎畫分別向左、右展開，當兩畫寫得較平直，便與「未」字相似度大增，當審慎觀察該筆畫行徑方向以避免混淆或誤認。

釋文	形 近 字 例		說 明
未	二九上_17	七七上_28	（2）「未」甲骨文爲 上加「＼／」成形，《說文》：「，味也，……，象木重枝葉也。」睡虎地秦簡之 仍富枝葉向上生長意味，至本帛書已將其合爲貫穿豎畫的兩橫，可能也因此左右擴展的寫法造成與「來」及「求」字形相近的情況。
求	一五上_04	二八上_06	（3）「求」字金文 形，本帛書與古璽 形頗相似，與「來」及「未」最大區別在於上方兩凸角，若凸角不明顯如【一五上_04】則易與「來」混，而下方從豎畫發展出的撇捺組合朝左右開展，若寫得平直如橫畫，則與「未」可能產生混淆，故以【二八上_06】的書寫架構較清晰易辨些。

1－2 无－先－失－夫

釋文	形 近 字 例		說 明
无	二九下_02	四六下_09	（1）「无」，於《說文》中屬奇字，作 ，爲西周 字中心部分之省形，如秦漢簡牘中間直畫皆凸出的寫法，如 （睡虎地）、（銀雀山），且「無」與「无」兩形互見，本帛書中亦有此情況：【三一下_20_ 㮊_無】。至於書寫上，如【四六下_09】的寫法最多，共 133 例的「无」字（扣除破損不清者）有四例屬【二九下_02】寫法，與「先」字極爲相似，更有一原釋文爲「先」字，後與今本《周易》對照應爲「无」字之例（【三下_24】）。
先	八二下_25	七下_14	（2）「先」，金文 （大盂鼎），从止从人；《說文》：「，前進也，从儿之。」於帛書中上半部「之」的筆順，中間豎畫完成後，左右兩點由外而內書寫，與豎畫相連，所成形貌與「无」字頗爲相像。

失	 七一下_30	 六六上_33	（3）「失」，《說文》：「，縱也，从手乙聲。」字形為一手形右加一捺（金文、戰國文字原作从「屮」从「元」），【七八上_04】可見端倪（此寫法最多），然此字形又與「先」、「兂」二字相似，唯捺畫未向下延伸拉長，撇畫為一撇到底（「先」、「兂」二字先豎再撇）略有不同；而【七一下_30】寫法釋為「矢」，借為「失」，上方以平直橫畫一筆寫過，則與「夫」十分相像，易於混淆。
夫	 二三上_15	 六六上_32	（4）「夫」，《說文》：「，丈夫也，从大一。」「夫」字共 10 例，2 例破損不清，所剩的 8 例中【二三上_15】寫法（一撇到底）佔 4 例，此寫法與現今「夫」字同形，不易造成混淆，另一半則為【六六上_32】似「矢」的寫法，分辨困難。

1－3　入－人

釋文	形　近　字　例			
入	 六二下_23_入_	 一五下_06_入_納	 六二上_20_人_入	 五二上_22_人_入
人	 七下_13_人_	 七上_25_人_	 三三上_21_人_	 五五上_07_人_

　　於秦漢簡牘帛書中，「人」與「入」多有混淆情況，往往需由前後詞意推敲而得，本帛書於此二字亦有混淆情形，有些需與今通行本對照，才得其「人」形實為「入」字。較能明顯辨別者如前三字（左撇右捺長度與高低差不大），能看出自甲骨文 、金文 、至秦代簡牘 的演變脈絡，但此寫法僅占 10 例中的 3 例，多數為「人」的寫法：撇畫短而曲度大，捺畫向右下方延伸拉長，與撇畫形成明顯的高低落差，線條長度也有三倍左右的差距。於是「人」與「入」多有混淆，實在不易單由字形進行分辨。

2、單字結構變化

　　書寫者在抄寫文章時，遇相同字常不免於結構或筆法上做出變化，帛書《周易》亦然，又因文字於當時正處隸變時期，於是更增加了其中單字結構的變化性。

（1）文字結構的變化

釋文	結構變化字例			說　明
克	一五下_10	七〇下_04	七下_21	「克」字金文作，可能將下部右圓挪至「口」形下方，而成【七下_21】與【一五下_10】結構；而《說文》篆文亨，古文作與，可能後者與【七〇下_04】的字形演變有關。
泥	二九上_28	三一下_26		甲骨文形爲兩人相背，「泥」字共4例，兩種字形所佔各半，【三一下_26】右半部結構與《說文》篆文同形，【二九上_28】則已明顯隸化，與楷書字形相仿。
永	四五上_17	九二上_33	一〇上_25	「永」，金文（毛公鼎），《說文》篆文，筆畫經書寫者拉長、縮短後，與「光」形頗爲相似。
其	八七上_13	九〇上_24		「其」字共87例，寫法共86例，即寫法僅1例，按《說文》篆文丌，「丌」與「亓」皆爲「其」的古文異體字。

<table>
<tr><td>飛
翡
蜚</td><td>
三五上_13</td><td>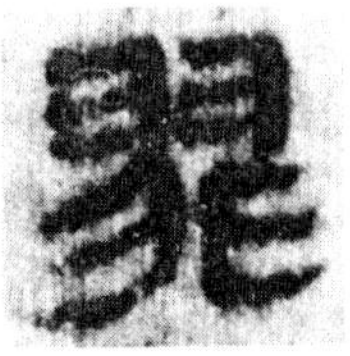
三五上_27</td><td>
五一上_11_蜚</td><td>「翡」，《說文》：「翡，赤羽雀也。」與「飛」音同假借〔註14〕，「蜚」亦然。</td></tr>
<tr><td rowspan="2">遇
愚
禺</td><td>
七下_23</td><td>
七五下_13</td><td>
三五下_11</td><td rowspan="2">「遇」从辵禺聲，「愚」从心禺，與「禺」皆屬同聲系，古相通〔註15〕。</td></tr>
<tr><td>
四一上_13</td><td></td><td></td></tr>
<tr><td>蹇</td><td>
二四下_14</td><td>
二四下_08</td><td>
二四上_01</td><td rowspan="2">《說文》篆文：「蹇」，「寒」，「塞」。
此處主要討論「茻」形漸成「珏」形之辨。</td></tr>
<tr><td>塞
寒</td><td>
八〇下_04</td><td>
二九下_22</td><td>
三〇上_09_寒_</td></tr>
<tr><td>說明</td><td colspan="4">「蹇」，《說文》：「走皃，从走蹇省聲。」而「蹇」，《說文》：「跛也，从足寒省聲。」二者古音相近，「蹇」爲「蹇」的假借字，又一說「蹇」爲「蹇」之異體〔註16〕。「蹇」从足寒省聲，篆形同「寒」从茻。</td></tr>
</table>

〔註14〕張立文：《白話帛書周易》，河南，中州古籍出版社，1994年5月，頁261。

〔註15〕張立文：《白話帛書周易》，河南，中州古籍出版社，1994年5月，頁263。

〔註16〕丁四新：《楚竹書與漢帛書《周易》校注》，上海，上海古籍出版社，2011年4月，頁278。

	「寒」，金文 （大克鼎），《說文》：「，凍也，从人在宀下茻上下爲覆，下有仌也。」睡虎地秦簡作，銀雀山漢簡作，可知「茻」形至漢後漸成「玨」形。「塞」，春秋金文，睡虎地秦簡，銀雀山漢簡作。「塞」，《說文》：「，隔也，从土寋聲。」其「玨」，《說文》：「極巧視之也，从四工。」與「寒」从「茻」大不同，但由此三字例可知「茻」形自秦至漢後漸與「玨」形混同。			
舊	 二九上_31	 五下_12		「舊」，說文篆文，字首从「萑」，帛書則省簡作「隹」，而从「工」形則爲秦至漢初簡帛文字形體之時代特色之一〔註17〕。
鄰	 三二上_17	 二六下_20	 二六下_28	「鄰」字結構差別在右半部「邑」旁，說文篆文作，於偏旁多作「」（睡虎地），如【二六下_28】，或相連成【三二上_17】，【二六下_20】爲增形，但並不多見（可能與「阜（）」）。
華	 六八下_17	 二七下_19		「華」，春秋金文有寫法，至雲夢睡虎地秦簡，將左右「ᎁ」形拉平，以橫畫帶過即如【二七下_19】貌，而【六八下_17】又於「艹」下加「屮」形。
童	 一一下_06	 八五上_12	 七三上_25	「童」，說文篆文，【七三上_25】上下皆有省筆，【一一下_06】與【八五上_12】則仍含篆形，僅寫法稍異，前者較平直。

〔註17〕 黃文杰：《秦至漢初簡帛文字研究》，北京，商務印書館，2008年2月，頁51。文中認爲秦至漢初簡帛文字形體有若干富有時代特色的字形、偏旁、部件，其獨特風格上有別於秦篆，下有別於今隸。

音	 八九上_02	 三五上_17		「音」，說文篆文，【八九上_02】可顯見線條平直化的演變，【三五上_17】則於下半部增一橫，成「目」形。
備 堋 朋	 九二上_27	 三九下_15	 三四下_06	「備」字右半部下方「朋」的寫法多變，前二者似承自金文、形，後二者與下方「朋」字部件則可從金文另一寫法，與睡虎地秦簡見得。
	 一三下_35	 五三上_07_堋	 四四上_23_朋_	
寧	 五上_05	 八八上_19		「寧」，說文篆文，宀內依序為「心－皿－丁」，睡虎地秦簡仍作，但帛書省皿形而以「口」形代之，將「丁」字豎畫貫穿，【五上_05】又於口中增筆。

（2）書寫上的變化

釋文	寫法變化字例			說　明
子	 一五下_09	 八五上_19	 三三上_25	【一五下_09】較為接近說文篆文形，【八五上_19】以一橫帶過，【三三上_25】橫畫結尾上揚則為此時期常見的雁尾收筆。
乘	 二八上_03	 二七上_30		「乘」從「人（大）」在木上，後加雙足貌，《說文》：「，覆也，從入桀。」【二七上_30】仍見字首「入」形，與下方「舛」形，【二八上_03】線條則顯得平直。

南	 二四上_04	 四四上_21		【二四上_04】與西周金文形近，【二四上_04】則已將筆畫拉平，下方的「羊」首以一橫帶過。
求	 一五上_04	 二八上_06	 六六下_02	「求」，說文古文，帛書仍寫出字首特徵，但所有筆畫較為平直，【六六下_02】最後撇捺更以一橫代之。
戒	 二三下_30	 二六下_16		此二字差別在「戈」部向右的斜鉤【二三下_30】以雁尾突出主筆，【二六下_16】則以筆直的豎畫為之。
侯	 二七上_23	 二七上_13	 三四上_04	【二七上_23】、【三四上_04】與【二七上_13】的主要差別在【二七上_13】字首篆形多曲折，【三四上_04】則因特別強調撇畫寫法，而與他者不同。
北	 二四上_08	 四四上_25		【二四上_08】符合金文形，然【四四上_25】似乎更似楚簡（包山）、（郭店）、（楚帛書）之形。
悔	 一〇下_20	 九〇上_18		二「悔」字下半部「心」寫法不同，雲夢睡虎地秦簡、兩種寫法亦為類似情況。

六	 一〇上_27	 四五上_05	 八五上_21	「六」字寫法上的差別主要在「入」→「亠」的演變，《說文》：「从入八。」自【一〇上_27】至【八五上_21】可見「入」形兩畫漸平，相連處加粗，進而連成一點一橫的過程。
迷	 四四上_15	 五三下_25		「迷」字的差別在「辵」部末筆拉長與否，【四四上_15】未拉長似篆形，【五三下_25】拉長加重，爲帛書中常見的主筆表現。
登	 七上_34	 八九上_03	 五五上_01	「登」字寫法的不同在於字首「癶」的表現，部首「癶」，《說文》：「癶，足剌癶也」，爲兩個腳掌向外張開行走貌。三種寫法【七上_34】最爲接近，另二者「止」形開口改變。

　　由以上分析可發現，「文字結構的變化」大致因正處於隸變階段，而表現出結體的多變性，此部分多可由金文、秦至漢初簡牘窺出端倪；「書寫上的變化」多在於相同的結構組合中，部件寫法上的不同，表現出此時期「線條平直化」與「結構方正化」的特徵，而有些在主筆表現上的變化，則爲書寫者對字形結構的掌握與表現。

（四）主筆彰顯與字形重心取向

　　此段分別由「單字軸線與取勢組合」及「主筆與字形取勢」兩部分討論帛書《周易》中的文字取勢，藉由畫出單字中軸線與主筆的中心線，觀察字形的動態方向。

1、單字軸線與取勢組合

　　此處分別將單字中軸線的「平移」、「左傾」、「右傾」以及單字中「部件軸線傾斜」分類舉出字例，以見得單字的動勢與其平衡機制。

中軸線與取勢	字　　　　例			
中軸線平移	三六上_13	八四上_20	四二上_08	三五上_17
中軸線左傾	二八上_18	六九下_19	三六下_02	三五下_36
中軸線右傾	八九上_04	八二上_15	八八下_19	五一下_28
部件軸線傾斜	二九上_4	六九下_36	三九下_17	三三下_23

2、主筆與字形取勢

釋文	字例一	主筆取勢	字例二	字形取勢
敦	一〇下_24		四九下_21	

【一〇下_24】主筆拉長造成字內極大的高低落差，因此增強了文字在視覺上的取勢，反觀【四九下_21】主筆未彰顯，全字的取勢便平緩許多。

得	八四下_24		二六上_31	

【八四下_24】因主筆拉長，全字顯得高挑，並因主筆的動勢而帶動全字的視覺方向。【二六上_31】主筆未特別彰顯，字形取勢並不強烈，相較於前者，此字形多了向左右發展的橫向張力。

娣／弟	三七下_27		三七下_03	

【三七下_27】主筆拉長後，使全字取勢朝右下（╲）發展，【三七下_03】則因撇畫加長，與右弧鉤齊，抵銷了原拉長主筆的字勢，使全字看來較為均勻平正。

子	四八上_28		七〇上_34	

「子」字多因主筆取勢影響全字的動勢發展，【四八上_28】主筆較彎，最後出鋒朝左行（←），而【七〇上_34】主筆微彎，曲度較小，使得字勢多向下行。

人	一五上_22		三三上_21	

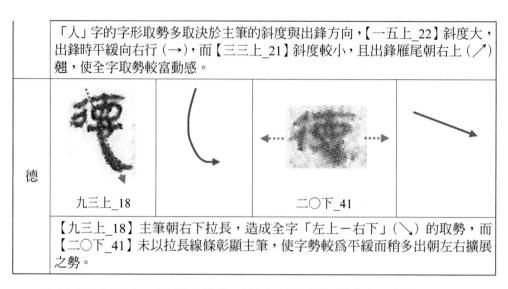

| 德 | 九三上_18 | | 二〇下_41 | |

「人」字的字形取勢多取決於主筆的斜度與出鋒方向，【一五上_22】斜度大，出鋒時平緩向右行（→），而【三三上_21】斜度較小，且出鋒雁尾朝右上（↗）翹，使全字取勢較富動感。

【九三上_18】主筆朝右下拉長，造成全字「左上－右下」（↘）的取勢，而【二〇下_41】未以拉長線條彰顯主筆，使字勢較為平緩而稍多出朝左右擴展之勢。

由以上分析可知，強調主筆與否對字形取勢影響之大，除可加強字形本身的疏密與動勢，也因主筆的長短、出鋒的方向，使文字產生不同的視覺動感。

三、個別空間與整體章法

此段分作「單字空間安排」、「有行無列的空間形式」、「全篇章法佈白」來分析帛書《周易》由單字、單行、以至全篇的空間章法。

（一）單字空間安排

此部分主要將單字結構的特徵稍加分類，「疏密」：因線條的排列造成單字內的疏密空間；「穿插」：因線條的穿插、揖讓使單字能緊密組合；「增減」：字中的增筆或減筆都使單字空間、字形產生視覺變化。

1、疏　密

字形種類	疏　　密　　字　　例			
上密下疏	四〇上_13	五九下_19	八五上_23	八五上_05
	獲	濯	覗_闚	尊

上疏下密				
	四四下_02	七一下_23	六二上_25	六二上_15
	霜	鼠	歲	辰
左疏右密				
	三三上_13_	三三上_33	四四下_01	六二上_27
	復	藩	禮	牘_觀
左密右疏				
	五八上_01	七七上_05	三四下_19	八五下_19
	郮	狐	餘_豫	觀

2、穿　插

字形種類	穿　插　字　例			
左右				
	四九上_29	四四上_04	二九下_11	三七上_02
	林	利	敝	妹
上下				
	三五下_24	二二下_29	三六上_31_	七七下_17
	臧	楚	羅	愍_悔

3、增　減

字形種類	增　減　字　例			
增筆	三五上_17	七下_20	四四下_03	三五上_21
	音	師	堅	宜
	二六下_20	五上_05	六八下_17	三五下_03
	鄰	寧	華	祖
減筆	三八上_09	七三下_16	七九上_29	八六上_09
	實	射	毒	鴻
	三三下_39	一二下_01	四一上_15	三七下_10
	根《睡簡》多有此寫法	膚	肥	遲

（二）有行無列的空間形式

　　帛書《周易》每卦單獨起行，每行皆界有朱絲欄，但橫向字與字間並不刻意對齊，此段試分「字距的變化」、「外輪廓線開合」、與「行軸線趨勢」等，

討論其有行無列的空間形式所帶來的視覺效果感受。

1、字距的變化

原圖局部（三二上局部左三）

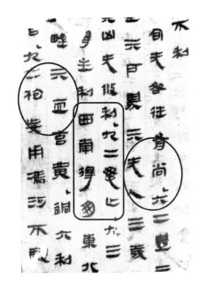

試圈出字距的變化

（緊：方形框，鬆：橢圓框）

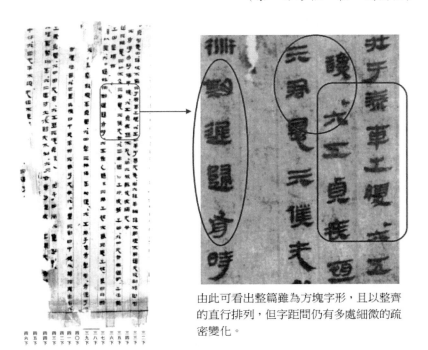

由此可看出整篇雖為方塊字形，且以整齊
的直行排列，但字距間仍有多處細微的疏
密變化。

2、外輪廓線開合

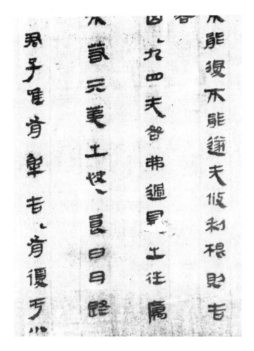 

三二下局部右四外輪廓線（下）　　　八二下局部左三外輪廓線（下）

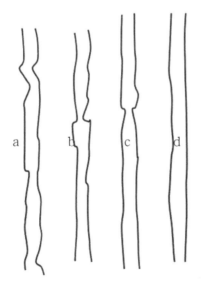 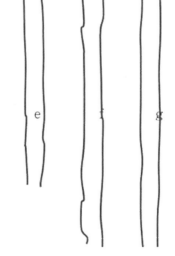

從外輪廓線可看出本帛書由於字形多呈方塊面狀「▢」，使得全行開合
變化並不太大，若有明顯開合或變化大致與該字主筆彰顯有關，如「輪廓線 a」

於「子」字的左彎鉤處、「輪廓線 b」於「之」字上半部略窄等，皆使開合產生些許變化。

3、行軸線趨向

以前段外輪廓線的相同圖板爲例，試畫出行軸線，觀察其中變化：

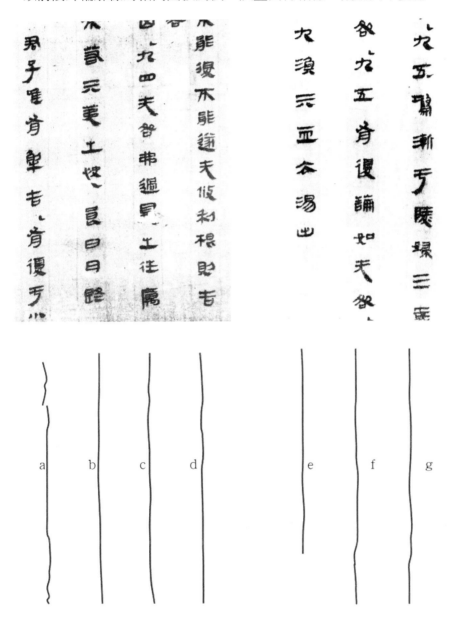

三二下局部右四，行軸線示意　　　　　八二下局部左三，行軸線示意

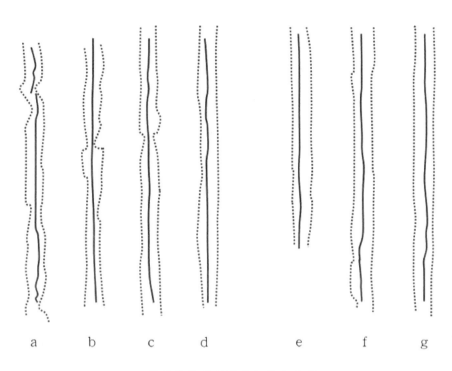

a　　b　　c　　d　　　e　　f　　g

外輪廓線與行軸線相疊合示意

　　單從上頁「行軸線示意圖」可知帛書的行軸線變化並不大，上圖將外輪廓線與行軸線相疊合後，發現即使有明顯開合之處，行軸線也並未有大變化（如 b、c），行軸線明顯變化之處（a 上方）爲該字主筆所強調的地方，由於「子」字中軸線無法與「唯」字相合，於是造成行軸線的中斷，此現象也顯見於向左凸出的外輪廓線，其餘多爲左右共同開合，使得行軸線未有太大變化。

（三）全篇章法佈白

　　由於帛書《周易》每行皆界有朱絲欄，易形成有行無列的空間形式，但在橫向字間並不刻意對齊的情況下，似乎使得全篇章法佈局有了不同的觀看方式，此段試由橫向的字形排列，與通篇點、線、面的結構方式，討論全篇給觀者的視覺感受。

1、橫向行氣脈絡

三二上局部右一：橫向行氣脈絡示意

　　由於【三二上局部右一】乃從最上方卦畫下，開始卦名、卦辭、爻辭的
書寫，於是可見得橫向行氣的脈絡於前三條還算起伏不大，愈往下則愈起伏
愈大，表示上下字距加大或縮小的情況增加，有些甚至於鄰行難以找到較近
的字相連，可於「橫向行氣脈絡示意圖」看出本帛書於直向界欄下，仍饒富
活潑的橫向氣息脈動。

2、全篇點、線、面結構

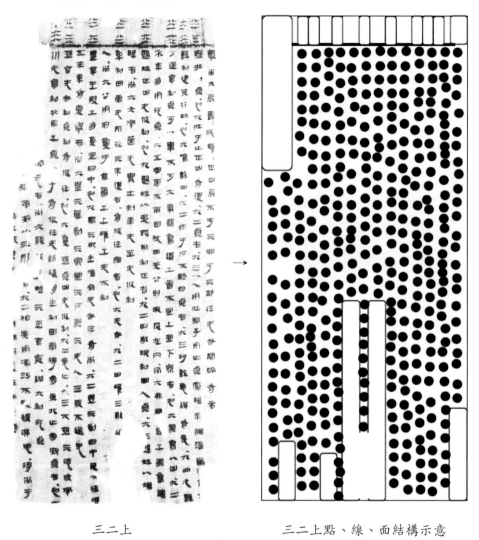

三二上　　　　　　　　三二上點、線、面結構示意

　　若拉高視點觀看帛書《周易》全篇文字，或可將其小而散落布帛上的字跡看作一個個小黑點，空白處看作塊面或線條，如此通篇由點、而線、而面，給人不同於單一文字所帶來的感官效果，又試想若以不同的點、線、面元素組合，似乎將爲視覺感受帶來不同的可能。

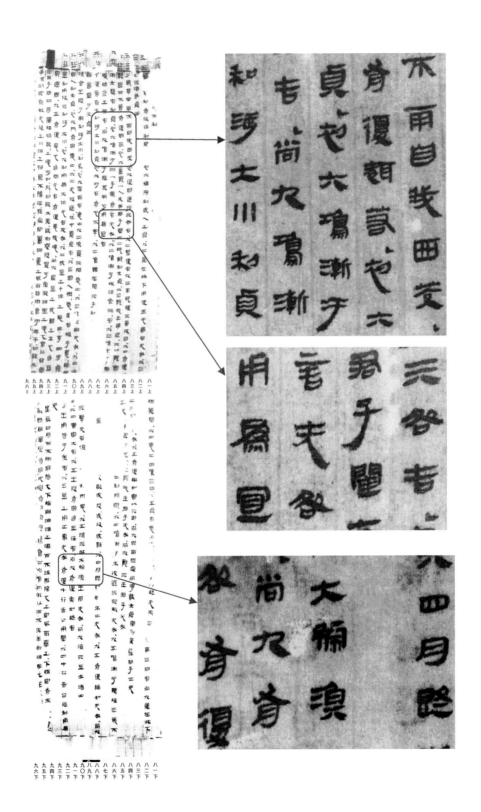

帛書《周易》（一上～一六上）

帛書《周易》（一下～一六下）

帛書《周易》（四七上～六四上）

四七上 四八上 四九上 五〇上 五一上 五二上 五三上 五四上 五五上 五六上 五七上 五八上 五九上 六〇上 六一上 六二上 六三上 六四上

帛書《周易》（四七下～六四下）

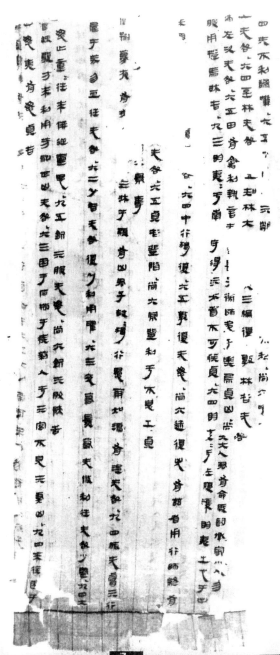

帛書《周易》（右起三二上局部左一）

帛書《周易》（右起三二上局部左二）

帛書《周易》（右起三二下局部右二）

帛書《周易》（右起八二上局部右二）

第三節 帛書《周易》與馬王堆漢墓簡牘書法風格 比較

　　馬王堆帛書由於內容眾多，遠非一人一時所能抄就，所以這批帛書保留了不同時期、不同抄手的原始筆跡，其時間跨度從戰國末年到漢文帝前元十年左右。從而客觀地保存了秦末漢初漢字隸變時期較豐富的第一手資料〔註18〕。馬王堆帛書內容相當豐富，涵括眾多學科，大致可分爲六大類：

　　六藝類：如《周易·六十四卦》、《春秋事語》、《戰國縱橫家書》等。

　　諸子類：如《老子》甲、乙本、《五行》等。

　　兵書類：如《刑德》甲、乙、丙本等。

　　術數類：如《陰陽五行》甲、乙篇、《相馬經》等。

　　方技類：如《五十二病方》、《養生方》、《脈法》等。

　　其他類：如《駐軍圖》、《長沙國南部地形圖》等。

　　陳松長先生於〈馬王堆帛書藝術概論〉一文，將其中字體分「篆隸」、「古隸」、「隸書」三類：

　　一、篆隸：《陰陽五行》甲篇、《五十二病方》、《養生方》。

　　二、古隸：《老子》甲本、《春秋事語》、《戰國縱橫家書》。

　　三、隸書：《周易》、《老子》乙本、《相馬經》。

　　可能寫於秦始皇二十五、六年的《式法》（舊題《篆書陰陽五行》），保存了大量楚國古文寫法，又兼有篆、隸的筆意，大約是一位生長於楚，不很嫻熟秦文的人的手跡。同樣書寫時間較早的《五十二病方》，寫者應該是秦人，字體是帶有濃烈的篆書意味的隸書。最晚的例子，如在漢文帝時抄寫的《周易》經傳、《老子》乙本、《黃帝書》、《相馬經》、《五星占》等帛書，字體便與標準的漢隸相當接近。關於「篆隸」、「古隸」的指稱，似乎不少說法〔註19〕，暫且不加討論，能確定的是，本研究專題帛書《周易》屬隸化較多的一類，較無爭議，而本節將分析同屬馬王堆漢墓出土的帛書書風特色，並與帛書《周易》並列對照比較，顯示其雖爲同地出土，卻各持特色的書法風格。

〔註18〕陳松長編著：《馬王堆簡帛文字編》，文物出版社，2001年6月，頁6。

〔註19〕李學勤：〈序〉，《馬王堆簡帛文字編》（文物出版社，2001年6月），頁3。

一、《周易》與同爲「漢隸」類的書風

（一）書寫年代

帛書的抄寫年代，根據帛書中的避諱情況和帛書中既有的明確紀年，如《陰陽五行》甲篇中的「廿五年、廿六年」（即秦始皇二十五年、二十六年，即公元前222年、221年），《刑德》甲篇中的「今皇帝十一年」（即漢高祖十一年，公元前196年）和《五星占》中的「文帝三年」（即公元前177年）等可以推斷，馬王堆帛書的抄寫年代大致在秦始皇統一六國（公元前221年左右）至漢文帝十二年（公元前168年）之間〔註20〕。而此隸意較鮮明的「漢隸」類大多屬於漢文帝時期所作。

（二）書法風格

「漢隸」類所使用的字體是比較規範和成熟的隸書，或可歸納出其共同特徵：

特徵一　字形大都趨於扁平方正，構形較規範，用筆已很有規律。

特徵二　橫劃切鋒重入，呈方筆體勢，撇、捺、左波右磔相當成熟而固定。

特徵三　線條以方折爲主，已完全沒有篆書線條圓轉的態勢〔註21〕。

1、《相馬經》

帛書《相馬經》抄寫在幅寬約48公分的整幅帛上，共七十七行，約五千二百字左右，其內容主要是關於相馬，特別是對相馬眼的方法和對這種方法的詮釋〔註22〕。

〔註20〕喻燕姣：〈淺談馬王堆帛書書法特徵〉，《東方藝術》（文物出版社，2001年6月），頁89～90。

〔註21〕陳松長：《馬王堆帛書藝術》（上海，上海書店出版社，1996年12月），頁159。

〔註22〕陳松長：《馬王堆帛書藝術》（上海，上海書店出版社，1996年12月），頁159。

《相馬經》局部

《相馬經》：

《周易》：

（1）用筆提按：《周易》輕重提按變化大些，若無明顯拉長的主筆，也能從明顯加重的線條看出主筆的筆畫，相較之下《相馬經》全篇較爲平板。

（2）結字體勢：《相馬經》以扁形與方形居多，少數長形字穿插其中，比起《周易》又更爲方整（如「有」字），每個字皆呈方塊狀，《周易》的開

合、欹側皆較明顯，橫畫也更有朝右上的取勢。

2、《老子》乙本

《老子》乙本與《皇帝書》同抄在一卷整幅的帛上，其內容與帛書《老子》甲本基本相同，但文字上多有歧異，書風更是各具特色。此篇書風與《周易》十分相似，線條提按富變化，唯結體取勢稍方正，少偏斜。

《老子》乙本　局部

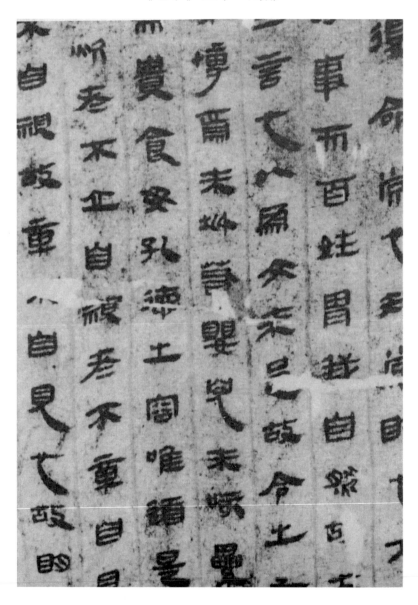

以下取前圖《老子》乙本與《周易》相同字例對照：

釋文	《周易》	《老子》乙本	說　　明
胃	四六上_07	老乙_01	《周易》「肉」部位於下方皆有朝左下取勢的現象，《老子》乙本所書重心較爲中立。
道	六六下_17	老乙_02	二字右半部寫法相同，《周易》「辵」部下方有草化現象。
之	三七下_22	老乙_03	二字寫法相同，用筆、字形亦十分相似。
章	四四下_19	老乙_04	二字寫法相同，用筆、字形亦十分相似。
言	八六上_17	老乙_05	兩篇寫法相似，但《周易》中所有「言」字中間的豎畫皆偏左，「口」形多偏右，與《老子》乙本所書不同。
見	二四上_10	老乙_07	二者十分相像，《周易》朝右上取勢略大。

3、《五星占》

由《五星占》和《五星行度》兩大部分組成，共八千餘字，較詳細地記載了從秦始皇元年（公元前二四六年）到漢文帝三年（公元前一七七年）七十年間木星、土星、金星的位置和會和週期，是世界上現存最早的天文學著作之一。

帛書中有「孝惠元」、「高皇後元」的明確紀年，可知這卷帛書的抄寫年代不會早於漢文帝初年。

《五星占》

其書寫風格主要以方整見長，行距較緊，字距較寬，其用筆方折為主，橫平豎直，左波右磔，棱角分明，其中如「西、四、東、晨」等字，反覆出現，均呈扁方平正之態。可見漢隸的結體、用筆、章法等基本格局，在此已大致定

型。而「孝惠元」、「高皇後元」等字濃厚的古隸遺風，可推論此帛書的抄手不僅熟悉古隸的寫法，而且對當時已趨於成熟的漢隸也寫來得心應手。所以這卷帛書對研究從古隸到漢隸的演變過程，很有啓迪和參考價值〔註23〕。

《五星占》　　　　　　　　　　《周易》

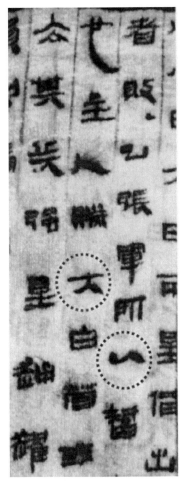

　　《五星占》與《周易》同強調主筆的彰顯，然相較於《周易》清晰的「漢隸」氣息，《五星占》則有稍濃的古隸意味，其筆畫雖平直，但所使用的諸多文字寫法均爲未解散的篆形，當然，其中亦能找出二者相似的用筆與字形（如紅虛線圈處），可見古隸與漢隸間存在著書手本身的書寫特質。

〔註23〕陳松長：《馬王堆帛書藝術》（上海，上海書店出版社，1996 年 12 月），頁 175。

二、帛書《周易》與其他馬王堆同墓出土帛書

（一）書寫年代

對於出土帛書的斷代，有時會由避諱判定。《禮記》有「卒哭乃諱」，即人死後才避諱，古人認爲漢景帝時開始有生時避諱之例。有些於秦始皇時期所書的秦簡常避諱「正」字，如改「矯正」、「里正」爲「矯端」、「里典」等，而將「邦」改爲「國」字，即應是劉邦在位時的避諱；另「也」字爲秦始皇時改的字形，類此諸多現象可視爲斷代之依據。而馬王堆帛書《老子甲本》中，有「破邦之王」、「失正之君」，不避漢高祖與秦始皇之諱且少數字在部首或結體上仍有楚文字遺風，「也」字的字形新古並用，可判斷應爲秦末漢初之際所抄；而《老子乙本》多處「邦」字皆改爲「國」，可知應是避劉邦之諱，可推定抄寫年代應在漢高祖劉邦在位時〔註 24〕。馬王堆帛書除「漢隸」類稍晚外，其他皆爲秦末漢初（漢文帝前）抄寫而成。

（二）書法風格

以陳松長先生的分類來說，馬王堆帛書中，除了「漢隸類」，還有「篆隸類」與「古隸類」。

「篆隸」是指字體並不是典型的篆書，而是一種保留篆書形體結構較多的隸書，是以秦漢人的筆意書寫篆書結構的字體；這類帛書有：《陰陽五行》（又名式法）甲篇、《五十二病方》、《足臂十一脈灸經》甲本、《陰陽十一脈灸經》甲本、《脈法》、《陰陽脈死候》、《養生方》、《胎產書》、《雜療方》、《陰陽十一脈灸經》乙本、《卻穀食氣》等。所謂「古隸」是比漢隸多存古意的字體（原指西漢隸書），它間於篆隸之間，結構上隸變的痕跡非常明顯。在筆劃上點、挑、波、磔並舉，在線條的運作中則方圓共用、粗細相間，章法上更是欹斜正側、參差錯落。這類帛書有：《春秋事語》、《戰國縱橫家書》、《老子》甲本、《五行》、《九主》、《明君》、《德經》、《刑德》甲篇、《陰陽五行》乙篇、《出行占》、《天文氣象雜占》等〔註 25〕。此段將篆隸與古隸類合而討論，雖「篆味」有多寡，書風亦各有不同，但比起「隸書類」書風，此二者仍保留了較多篆書的字形結體或用筆，列舉數篇如下：

〔註 24〕林進忠：《認識書法藝術②　隸書》（臺北，國立臺灣藝術教育館，1997 年 4 月），頁 26～31。

〔註 25〕喻燕姣：〈淺談馬王堆帛書書法特徵〉，《東方藝術》（文物出版社，2001 年 6 月），頁 89～90。

1、《養生方》

該卷可分爲三十二篇,其中包括醫方七十九個及個別的論述文字及圖像。內容主要是防治衰老,增進體力,滋陰壯陽。房中補益等方面的醫方〔註26〕。

《養生方》在布局上,行距、字距稍寬,整篇沒有侷促、壓迫之感,在字形結構上,已表現出如隸書的方折與雁尾,也具備拉長的撇捺主筆,稍有提按變化。

《養生方》

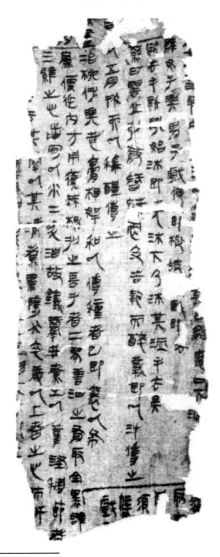

〔註26〕陳松長:《馬王堆帛書藝術》(上海,上海書店出版社,1996年12月),頁175。

《養生方》　　　　　　　　　　《周易》

　　《養生方》與《周易》文字的使用上雖有很大不同，但如上方紅色虛線圈所標示，於帛書《周易》中亦可見如《養生方》的筆勢，主要表現在橫折的彎曲度上，從標示中能明顯看到二者橫折「」朝左下的取勢，彷彿可見二者字形的演變路線。整體佈局上，《周易》寬綽有致，《養生方》則稍緊但並不壓迫，能隱約看出長形字排列下的行氣脈絡，字形開闊變化也較《周易》豐富許多。

　　2、《戰國縱橫家書》

　　《戰國縱橫家書》書寫的年代依《禮記・典禮上》中：「卒哭乃諱」，即指等人死了才開始避諱來推斷，那麼帛書《戰國縱橫家書》的抄寫年代，應在劉邦卒年（西元前一九五年）之後，惠帝卒年（西元前一八八年）之前〔註27〕。

〔註27〕王忠仁：《帛書《戰國縱橫家書》之書法研究》（國立台灣藝術大學造形藝術

是一部記載戰國時代縱橫家蘇秦等人言論的古佚書，共二十七章，一萬七千餘字，共三位書手〔註28〕。

《戰國縱橫家書》

　　研究所，中國書畫組，碩士論文，2009 年 6 月），頁 23。

〔註28〕王忠仁：《帛書《戰國縱橫家書》之書法研究》（國立台灣藝術大學造形藝術
　　　　研究所，中國書畫組，碩士論文，2009 年 6 月），頁 23。

《戰國縱橫家書》

八五上_03_而_

九二下_20_行_

八八上_04_魚_

八七上_17__爲

一一下_14_哭

七五下_30_何_

三五下_32_過

四○上_14_之_

　　上圖爲《戰國縱橫家書》（中）與帛書《周易》（左、右）的字形對照，在相同的字例中，《周易》幾乎將《戰國縱橫家書》有所彎曲的線條一一平直化，如「之」字、「爲」字首的「爪」形、「而」字的豎畫等，「魚」字中已爲平直的雙「人」形，至帛書《周易》的寫法則更加平直，且與左右邊框相接，似乎爲後來演化爲「田」形埋下伏筆，整體字形也稍寬。

　　《戰國縱橫家書》縱長的字形與緊密的字距產生全篇的直線行氣，且字與字之間的開闊變化較《周易》明顯，其中軸線有許多向左右偏移的現象，也與《周易》明顯不同，可能與其爲整篇書寫，而《周易》有「烏絲欄」隔行有關。從帛書《戰國縱橫家書》與《周易》的書法特徵，除了文字結構的承襲，也可見著線條漸漸平直化與結體漸呈方正的過程。

　　3、《老子》甲本

　　帛書《老子》甲本共一百六十九行，每行約三十字，由於卷在木片上存放，故出土時，裹在最裡邊的帛殘斷得比較厲害，因而造成帛書《老子》甲

本的開頭部分較多殘缺。帛書《老子》甲本不避漢高祖劉邦諱，其抄寫年代
可以推斷在漢高祖時期，即公元前二零六至一九五年間。

《老子》甲本

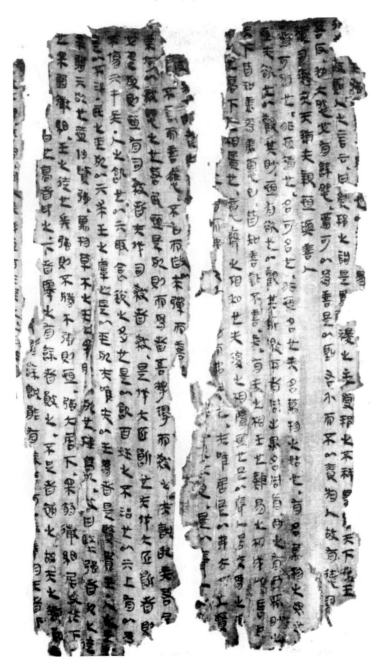

《周易》　　　　　　　　　《老子》甲本

二八上_06_求	
七〇下_27_之	
八五上_04_不	
三三下_40_則	
九一下_19_有	
八五上_03_而	
六一上_05_取	

　　《老子》甲本的書寫字體是間於篆隸書之間的古隸，縱向取勢的字形大幅度減少，而多趨於方正（相對於篆隸類而言）；用筆的點、橫、波、磔等隸

書構形筆畫已形成，而筆道粗細相間方圓並用，章法上則欹斜正側，參差錯落揮灑自如，是隸書化趨勢比較鮮明的一種古隸體，具有隨意可人的姿態和樸拙高古的神韻〔註29〕。與《周易》相互對照的字例（如上圖右），可看出二者文字結構十分相像，《老子》甲本字形多較長（方形或長形），有拉長豎畫的習慣，圓轉的用筆仍較多；而《周易》則多方折（如「而」字橫折處）以扁形與方形字居多，以橫畫彰顯爲主。

第四節　帛書《周易》與其他秦漢簡牘書風

　　近年出土許多古代的簡牘帛書，而秦漢之際正爲文字形體不定的激烈變動階段，本節將列舉數件秦漢簡牘，這些簡牘與帛書《周易》最基本的差別就在於書寫材料的不同，而在其本身多變的書風中，定更能窺見當時代的書寫實況，以及書體漸變的過程。

一、帛書《周易》與其他秦漢簡牘帛書風格比較

（一）天水秦簡

　　《天水秦簡》屬戰國末年至秦國統一天下前後的墨跡文字，起筆常頓筆、略粗，收筆稍細，多自然畫出，橫線的斜度不一，線條粗細變化並不大，行筆常有弧度出現，整體書風明快而遒勁。從帛書《周易》中能對應的字例可看出，此簡筆畫的粗細變化較大，且多爲尖收，橫畫向下彎曲的弧度也與《周易》大不相同，有些字形隸化程度還不高（如「西」、「夜」字）。

〔註29〕陳松長：《馬王堆帛書藝術》（上海，上海書店出版社，1996 年 12 月），頁 65。

帛書《周易》　　　　　　　　　《天水秦簡》

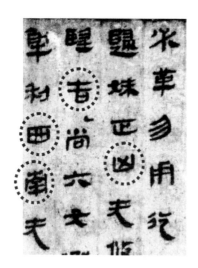

（二）雲夢睡虎地秦簡

　　《雲夢睡虎地秦簡》年代約在秦昭王五十一年至秦始皇三十年間（西元前二五六年～西元前二一七年），爲多人所書。其文字線條粗細相間，但行筆中提按並不多，結體欹正有致，而從簡文字形結構看，略可分爲「尚存古形的篆書」、「已完全隸化的隸書」以及「隸篆之間的中間性書體」三類〔註30〕，

〔註30〕杜忠誥，〈從睡虎地秦簡看八分〉，《出土文物與書法學術討論會論文集》（臺

可見其正處文字隸變時代的震盪期。

《睡虎地秦簡‧效律》

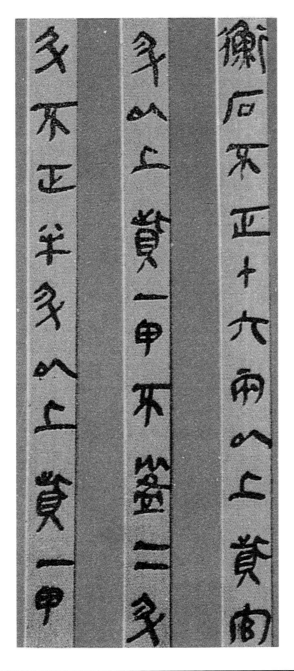

北，中華書道學會，1999 年），頁陸-1。

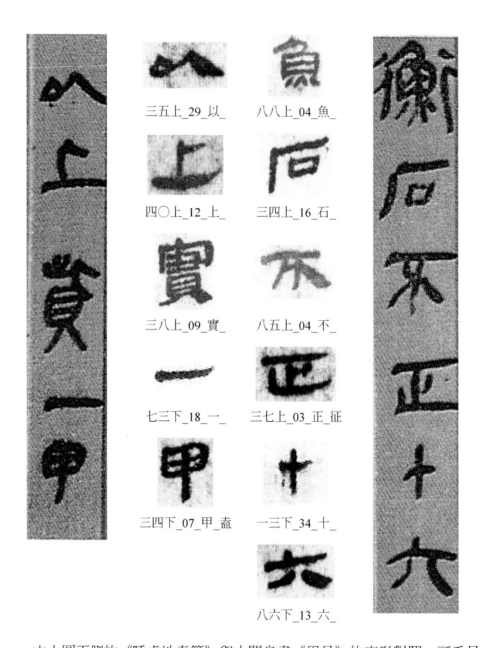

三五上_29_以_　八八上_04_魚_

四〇上_12_上_　三四上_16_石_

三八上_09_實_　八五上_04_不_

七三下_18_一_　三七上_03_正_征

三四下_07_甲_盍　一三下_34_十_

八六下_13_六_

　　由上圖兩側的《睡虎地秦簡》與中間帛書《周易》的字形對照，可看見文字的隸變實況。二者線條平直化的特色很鮮明，《周易》的橫畫多半有向右上的取勢（如「正」、「上」、「一」等字），常有雁尾出現，且除了主筆線條外提按並不明顯；《睡虎地秦簡》則多為平緩的線條，提按不多，主筆也還不明顯。字形結構上，《睡虎地秦簡》字形較長，豎畫也習慣拉長些（如「貝」部下的「ノ八」），但橫畫已有拉寬的趨勢（如「正」、「不」、「上」等字），文字

結構基本相同，但帛書《周易》中可見得線條更加平直化的情況（如「衡」的部件「魚」）。由此可看出此二簡帛文字的承襲與遞變。

（三）江陵張家山漢簡

張家山漢簡爲西漢文帝時期墓葬中所出土（與帛書《周易》時代相近），因書手不同而呈現多樣風格。文字落筆多頓筆藏鋒，也有逆入起筆的現象，點畫粗細、字形長短變化有致，線條兼具圓轉與曲折，從中仍可見古形（如「須」、「面」等字）整體風格有較粗曠厚實者，也有較爲清麗秀雅一類，不同書手表現出各自獨特的書風特色。

《張家山漢簡》（局部）

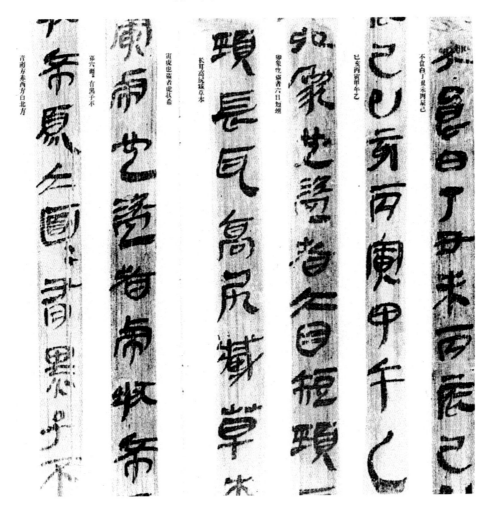

《張家山漢簡》　　　　　　　　帛書《周易》

四〇上_09_高_

八八上_08_大_

八四上_34_目_

二〇上_11_甲_

三五下_24_臧_戕

　　此簡風格較爲粗曠，線條兼具圓轉與曲折，線條粗細分明，收筆多爲自然畫出，與帛書《周易》的字形對照，《張家山漢簡》圓曲的線條較多（如「甲」、「目」等字），字形寫法上，有些不完全相同，如「大」字寫法，可見在年代相仿的情況下，字形的隸化程度仍可能因書手不同而出現不同寫法，又如「臧」字寫法十分相近，但《周易》已將左半部的雙「人」形以「＝」取代；另外，《張家山漢簡》還出現許多連筆現象（如「高」字首、「丙」字內的「人」等），也有明顯的筆畫映帶（如「甲」字豎畫），使整體風格多了隨興、恣意揮灑之感。

（四）武威漢簡儀禮木簡

此木簡的年代約在西漢晚期，文字書體能算是成熟的八分漢隸，而其用筆輕重有致，字勢傾斜度不一，規整中帶有輕快的氣息；字形結體向左右發展，呈橫扁勢，行列分明，字距也較長，嚴謹中富含韻律感。

《武威漢簡儀禮木簡》

《武威漢簡儀禮木簡》

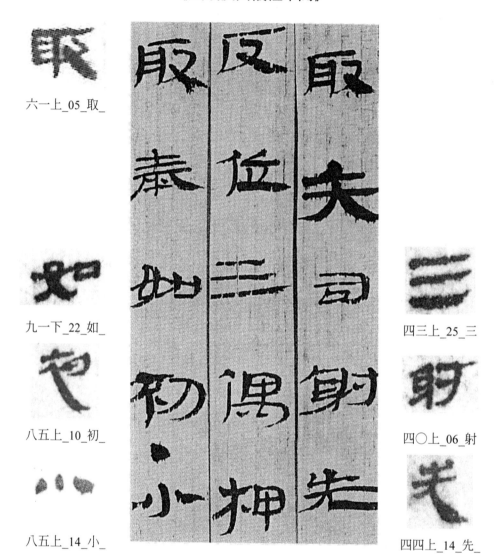

六一上_05_取_

九一下_22_如_

八五上_10_初_

八五上_14_小_

四三上_25_三

四〇上_06_射

四四上_14_先_

　　上圖中爲《武威漢簡儀禮木簡》與左右帛書《周易》的字形並列對照圖示，可見到帛書《周易》中還保留些微篆書字形到了西漢晚期，除了更進一步將篆形解體（如「初」字）外，更向左右橫向發展（如「先」、「三」字），幾乎不見向下拉長的線條，已蛻變爲完全成熟的漢隸。

　　在線條表現上，帛書《周易》特別強調主筆加粗加重，或拉長筆畫，整體較爲厚實圓潤，可能也與書寫於帛上有關；而《武威漢簡儀禮木簡》以較

為纖細飄逸的線條向左右伸展，橫畫與撇、捺等筆畫皆特別朝橫向延伸，捺畫普遍較粗，其餘輕重約存在於字與字之間。

（五）居延漢簡

《居延漢簡》的字體有八分隸書、草隸、章草等，由於都是日常生活手跡，包括高吏及下卒的官、私文書，無疑是一部有完整紀年的墨蹟史冊，也具體呈現出文字與書法在西漢中期至東漢早期間變遷發展的實況；由此漢簡的文字與書法，能了解左右由撇、磔開張的八分隸書體勢，在西漢武帝時期已發展完備，並朝草化發展〔註31〕。

《居延漢簡》　　　　　　　《居延漢簡》（局部放大）

〔註31〕林進忠：《認識書法藝術② 　隸書》（臺北，國立臺灣藝術教育館，1997 年），頁 47～50。

第五章　竹帛書《周易》書法風格比較

第一節　竹帛書《周易》筆法線條特質

　　書法取決於線條，而筆法是決定線條質感的主要因素之一，筆法掌控線條的運動和力度，而「力度」指的是線條使觀賞者產生的力感，此力感關乎作者主動施加的力量，也與用筆的運動方式有關，邱振中先生認爲，線條的運動變化可分爲兩部分：其一，書寫時線條作爲軌跡整體推進的速度變化；其二，在線條邊廓內部，爲控制邊廓形狀而產生的運動變化。這兩方面，即爲筆法在運動層次上的全部內容〔註 1〕。此節將就竹帛書《周易》的線條本身，舉出若干字例比較、分析其特質，及運動變化、表現方式等的異同。

一、線條特徵

　　由第三、四章的分析，已可知竹、帛書《周易》的書風特質，從線條特徵的表現上分別陳述，竹書因不同的書手有「柳葉線」（書手 A、B）與「棒狀線〔註 2〕」筆畫（書手 D），帛書則以象徵成熟隸書的「蠶頭雁尾」較爲特出（相對於竹書而言），試將相同字例並列，應可清楚見得其各自不同的線條特色：

〔註 1〕　邱振中：《書法藝術與鑑賞》（台北市，亞太圖書，1995 年），頁 3。
〔註 2〕　佐藤將之、王琇雯合譯，福田哲之著：《中國出土古文獻與戰國文字之研究》（台北市，萬卷樓，2005 年 11 月），頁 165。

釋文	竹　書		帛　書
	柳葉線	棒狀線	蠶頭雁尾
亡	05_18	54_22	九〇上_19
子	08_24	16_35	八五上_19　　九一上_32
二	24_22	16_21	三四上_13　　四一上_25
于	24_28	43_08	九〇上_05
不	20_24_不_	57_18_不_	三三下_30_不_
元	05_35_元_	45_42_元_	四四上_02_元_

六	01_16_六_	11_03_六_	八八下_17_六_
可	21_10_可_	45_12_可_	三五上_06_可_
五	25_19_五_	28_38_五_	三九下_20_五_
說明	由以上字例可知，「柳葉線」一類的線條能表現出明顯的提按，使字形較爲活潑、富韻律感，有時落筆猛然重壓又隨即提筆，出現「釘頭鼠尾」式的筆畫，接近「蝌蚪文」的形貌；而「棒狀線」一類的用筆粗細並不強烈，圓潤的起收筆使線條看來十分含蓄而內斂；「蠶頭雁尾」是帛書的典型特徵，渾圓飽滿的線條質感與竹書相較厚實許多，平直的行筆（直行或頓挫運筆）配合「蠶頭雁尾」的起收筆變化（或平切、方起、頓收等不同搭配），使文字姿態更加生動、豐富；然以此列表，更能看出竹、帛二書線條表現上的極大差異，又竹書的不同書風（因書手不同）也表現出不同的線條特質。		

二、筆畫之斜度與弧度

　　此部分將列出竹、帛書相同字例，對照比較出二者在相同的結構組成中，各筆畫在弧度與斜度上的異同，由此探尋筆畫斜度與弧度對結字形態與文字體勢發展的影響：

釋文	竹　書		帛　書	
川	25_39	04_19	八八上_09	四四上_01

	書手A共二「川」字例,皆以「S」形曲線為主,但三線條曲度並不完全相同,第一畫皆偏直,如【25_39】;而書手D「川」字例多如【58_22】貌,落筆處稍重,末端朝右或右上輕挑,尖細提筆。無論何位書手的寫法,「線條皆富有一定的彎曲弧度」為其普遍的共通性。	帛書「川」字共十三例,如【四四上_01】線條略有彎曲寫法者僅三例,與竹書略為接近,其餘線條多較直立,如【八八上_09】貌(共十例),可見帛書雖已處於「線條平直化」現象較為普遍的時代,但仍確確實實地體現著文字線條由曲而直的漸變過程。

	05_35	22_47	45_42	九二上_17	四四上_02

元 竹書字例由左而右分別為書手A、B、D,與帛書字例一同觀察,以線條的書寫角度將「元」字分為上下兩部分,上半部兩橫畫幾乎都有朝右上傾斜的趨勢,但竹書橫畫末端常朝右下書寫,書手B更於中段即向右下拉平了橫畫傾斜度,但多了竹書慣有的書寫弧度,呈「⌒」勢,帛書則相反,略呈「⌣」勢,但許多字例橫畫皆較平直,弧度並不明顯。至於下半部,主要差異則在於末畫的書寫方向與弧度,竹書或直直朝下,或以向右突出的弧線( )朝下方書寫(如【05_35】、【22_47】),多與西周金文相承(如 召鼎、 等寫法);但帛書的弧線突出角度恰恰相反,並朝右下書寫( ),此書寫方向與秦篆相合: (睡虎地秦簡)、 (秦權量銘)。

	57_30	37_32	一一下_12	九〇上_14

六 「六」字寫法自甲骨文 、 ,至金文 、 ,戰國楚文字寫法如竹書所示,秦文字則為 (睡虎地秦簡),字形結構較為相近,而雖同為戰國時期,但楚簡上部彎曲弧度較為大,其「右迴旋」樣式與秦文字較平直的「板狀線」筆畫 [註3] 斜度相似,但弧度明顯不同,至漢代帛書所呈現則與秦簡較為相近,且更加平直化甚至成為一橫畫直書(如【九〇上_14】);而下半部竹、帛二書線條除粗細與質感之差,斜度與弧度差別也不大。

[註3] 佐藤將之、王琇雯合譯,福田哲之著:《中國出土古文獻與戰國文字之研究》(台北市,萬卷樓,2005 年 11 月),頁 165。

少	53_02	二一上_25
	竹書中，書手 D 本屬筆畫較平直的一類，如《信陽楚簡》的「棒狀線」，而少見筆尖、提按、弧度明顯的「柳葉線」。 以此「少」字為例，筆畫多為彎曲度不明顯的棒狀斜線，且上半部的左點與下方左撇傾斜度一致。	帛書此字為上半部三點與下一撇畫的組成，值得注意的是，帛書中的「少」字例撇畫彎曲弧度皆大於竹書，上博其他篇章的「少」字末筆亦多弧度小的斜線，如 少【緇衣12_30】、少【孔子8_32】〔註4〕；而帛書則皆為具有一定弧度的撇畫。
方	09_12	四四下_09
	「方」字二者字形結構相同，僅線條方向、弧度略為不同，因此字勢也不同。西周金文 方（史牆盤）、 方（令方彝），第二筆書寫方向為先向右下再鉤回（楚簡多此寫法），且二、三畫曲勢不同，竹書與之似；而 方（毛公鼎）、 方（虢季子白盤），春秋 方（秦公鎛）、 方（秦公鐘）、 方（睡虎地秦簡）等，第二筆較直，向下後便向左彎曲，可見得帛書所承。由二、三畫的書寫方向可知，「方」字西周時大致有「朝右下後左彎」或「直直朝下再左彎」兩種寫法，而戰國時楚地多採前者，秦國則採後者為多。	
父	18_42_父_	二〇上_17_父_

〔註4〕按當時「少」皆作「小」，而「小」下加撇如「余」下加撇（如 余【14_01_余_豫】），皆為飾畫。李守奎，曲冰，孫偉龍著：《上海博物館藏戰國楚竹書（一～五）文字編》（北京，作家出版社，2007年12月），頁38～39。

－203－

竹書習慣表現圓曲線條，如上半部「◡」的曲線，及末筆「◝」朝右凸出的彎曲弧度，而帛書則將之表現爲平直的方折線條，轉折處皆爲方角，末筆已爲一典型的捺筆，略呈「◝」朝左凸出的彎曲弧度。

求	16_37_求_	24_07_求_	一五上_01_求_

「求」字殷商甲骨文作 ，至金文有 形，而竹書【16_37_求_】（書手D）結構相似，而書手A的【24_07_求_】則將中段「// \\」連寫作「＝」兩橫。帛書字形也與金文相承，與竹書【16_37_求_】寫法相似，只是中線發展爲不加彎曲的豎畫，且下方從豎畫發展出朝左右開展的撇捺，線條的弧度、取勢與竹書相反（竹書：　，帛書：　）。

章	51_33_章_	九下_16_章_

此字清晰地展現出竹書圓曲線條以及帛書線條平直化的特性，竹書從橫畫弧度、中段「口」形下緣、豎畫由上至左下呈現出圓弧線條等，皆能見到其弧線表現出「內包式」圓弧字形；而帛書每一平直的線條皆助於呈現方正的字形結構，如中段「口」形的包覆情況即顯見方整的形體結構，足見線條弧度爲字勢帶來的整體影響。

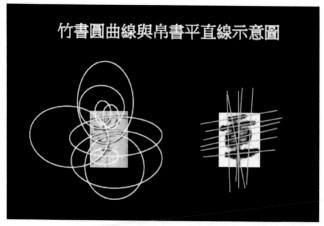

竹書圓曲線與帛書平直線示意圖

由以上分析可知，竹、帛書橫畫皆有朝右上方傾斜的趨勢，但多數筆畫

在斜度和弧度的表現上各有不同，而二者皆有最具代表性的線條特徵，然此線條特徵亦影響著文字的形體特色與字形帶給人的視覺感受（如圖示）：

竹書－圓曲線，內包式圓弧結體，有向外擴張的視覺趨勢。

帛書－平直線，平直式方正結體，視覺上較爲方整、平穩。

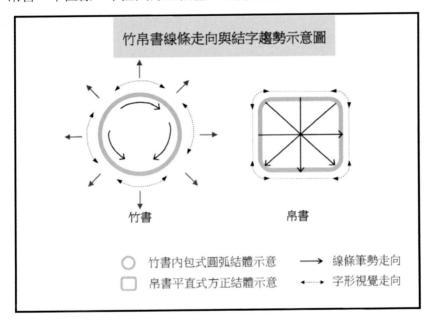

三、主筆表現的習慣

由前章分析已知帛書有彰顯主筆的習慣，然此特色於竹書中表現得並不突出，僅見於部分字例，但從中亦能窺探二者因主筆表現，而有不同的字形變化產生。

釋文	竹　書	帛　書
之	23_13_之_	三五下_25_之_
	主筆爲橫畫。 主筆較長，少許傾斜右上，略有細→粗的提按。	主筆爲橫畫。 主筆較長、較粗且平直，末段朝右上以雁尾收筆尖出。

不	 40_33_不_	 三七下_24_不_
	主筆爲豎畫。 主筆垂直拉長，起筆較重且鈍，隨即提筆、直下、尖出，如所謂「蝌蚪文」釘頭鼠尾貌。	主筆爲捺畫。 主筆明顯較厚重，有少許彎曲姿態，以雁尾收筆，末端微翹。
邑	 10_21_邑_	 八下_03_邑_
	主筆爲右長點。 主筆朝右下拉長，線條由細而粗。	主筆爲右弧鉤。 主筆較長、較厚重，末段朝右上以雁尾收筆尖出。
初	 44_24_初_	 八五上_10_初_
	沒有明顯主筆。 全字筆畫以曲線爲主，無明顯主筆。	主筆爲右弧鉤。 主筆向右下拉長，全筆畫比其他筆畫厚重許多，末段以雁尾收筆。
或	 28_26_或_	 三五下_23_或_
	主筆爲撇畫。 主筆向左下拉長，行筆間有細微提按，以停頓收筆使線條圓潤。	主筆爲右弧鉤。 主筆向右下長、較粗厚，末端向右上提收，爲斜翹尖出的雁尾。

我	 24_17_我_	 三六上_14_我_
	主筆爲長斜畫。 主筆一筆直下，由粗而細，最後收束筆尖自然出鋒。與上「或」字同爲「戈」偏旁，但主筆卻表現在不同筆畫，其中原因大概在於書手的不同（「或」字爲書手 D；「我」字爲書手 A），可見主筆的表現與書手的書寫習慣有關。	主筆爲右弧鉤。 主筆向右下長、較粗厚，末端向右上提收，除彎曲弧度稍大，其餘與上「或」字的「戈」部表現大致相同。（帛書中的「戈」部寫法大概一致）。

由以上字例整理出竹帛書《周易》主筆表現的異同：

1、主筆表現方式極爲不同。

此處指二者用筆方式的差異，包含起收筆的表現與線條的長度、行筆時的提按變化等，如帛書皆加粗主筆線條，且多朝橫向發展，或向右下拉長成圓弧線，並多以上揚的「雁尾」朝右上收筆；而竹書則依書手不同，以棒狀線或釘頭鼠尾式的線條呈現，亦不乏許多未彰顯主筆的字例。

2、主筆表現位置可能不同。

由第四章分析可知帛書主筆多表現於橫畫、右彎鉤（右鉤、捺）、左彎鉤（左鉤、撇）等筆畫，而竹書的主筆表現則不如帛書鮮明（有「未特別彰顯主筆」與「有主筆但提按變化未特別突出」等情況），且經仔細觀察可知，竹書同一偏旁部首的主筆表現也可能因書手不同而有異，可見主筆如何表現，除符合字形需求，書手個人審美意識的投射亦爲十分重要的變異因素。

3、主筆發展影響字形變化。

文字結體常因主筆的表現而往下延展或朝橫向拉寬，由此可能造成字形上的改變，可能由「方」轉爲「長」或「扁」（示意如下），也因此常造成字形的疏密變化（於後「結體形態比較」加以說明）。

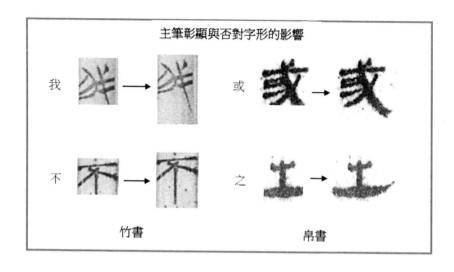

四、線條的交接方式

釋文	竹　書	帛　書	說　　明
取	53_14_取_	七三上_14_取_	轉折處為「耳」左下方與「又」第一筆的轉角，竹書皆為圓弧，帛書皆為方折。筆畫交接處帛書皆為實接，緊密相黏，竹書線條之間即使相連也多為虛接，
官	16_10_官_	六六上_10_官_	二者「宀」部寫法差異大，竹書為二弧線的搭配，帛書為平直線條構成方角明顯的轉折。「ㄅ」的轉折接為圓曲線，但帛書圓中仍帶有「方」的意味。
亡	07_06_亡_	三三上_27_亡_	左下方轉角竹書呈「⌣」圓弧狀，帛書為「└」方角，其他筆畫的交接竹書或未為相連，或虛接；帛書皆為緊密的實接。
出	55_25_出_	九〇下_31_出_	共同的轉折處在下方「ㄩ」字形，竹書以「⌣」圓弧表現；帛書則為一方「└」（左）、一圓「└」（右）表現轉折變化。

由以上分析，可將竹帛書線條的轉折特徵與交接方式整理如下：

（一）轉折處的方圓：竹書多圓轉，帛書多方折，但仍可見少數圓曲的轉折。

（二）交接處的虛實：竹書多虛接（或完全未相接），帛書則幾乎全然實接。

五、媒材對線條表現的影響

（一）毛　筆

根據西漢初期以前的毛筆出土實物看，它們的共同特點是：筆桿均為竹製且較細，0.4 至 0.5 厘米杆勁居多；筆毛多為兔毫等彈性、韌性、硬度好的毛質，筆鋒挺健。這些特點顯然比較適合於簡牘書寫，簡策上的小字只有 0.4 至 0.7 厘米見方，以細杆和細、尖、健毫書寫，方能揮寫靈活，這樣的筆也有利於轉筆及調整鋒毫。而戰國時的楚筆和秦筆（及漢代筆）略有差異，楚筆鋒毫略長於秦筆（像荊門包山楚筆毫長 3.5 公分），有的楚筆毫頭中空，如長沙左家公山墓楚筆就是將毫毛套在筆管上；秦筆則皆實心，筆頭且粗短些。楚簡墨書筆畫剛健、彈性十足，普遍露鋒顯尖，正是楚筆性能決定的；秦簡文字厚重樸實，較少芒角，除去有意識的技法追求外，不同於楚筆的書寫工具也是一個原因。沃興華認為，戰國中期以前毛筆為類似長沙楚筆那樣的長鋒中空型，之後經蒙恬改良，變為短鋒中實型〔註5〕。但孫鶴認為鋒毫中空型筆很可能是個別現象，至少戰國以下實心筆應為主流，楚、秦筆各有其傳統特色〔註6〕，至於毛筆是否確實具有形、質上「特性」的差異〔註7〕，而在使用上造成楚書與秦書不同的線條，可能有待更多的出土實物加以證明。

〔註5〕沃興華：《上古書法圖說》（杭州，浙江美術學院出版社，1992 年）。

〔註6〕王曉光：《秦簡牘書法研究》（北京，榮寶齋出版社，2010 年 11 月），頁 266。

〔註7〕按：《睡虎地秦簡》的「板狀線」可能由筆尖平鈍的秦筆寫出，但僅只於文字線條與毛筆之間關系的臆測，尚待出土實物證實。福田哲之著，佐藤將之、王琇雯合譯：《中國出土古文獻與戰國文字之研究》（台北市，萬卷樓，2005 年 11 月），頁 165。

湖北荊門縣包山楚墓出土戰國時期的毛筆

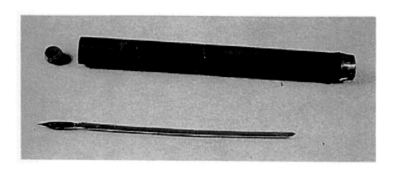

（二）墨

傳周宣王時已有松煙墨，從多批楚墓出土的竹簡上的文字看，戰國時期的楚墨質地已比較細膩，用膠適當，遮蓋力較強，出土的竹簡經過兩千多年地下水的浸漬，至今許多字跡保存完好，這也說明楚人製墨的水準相當高。目前出土的最早墨錠實物是 1980 年代初期湖北江陵九店楚墓發現的，該墨錠出土時放在一個小墨盒內，盒內有一層厚汙泥，幾乎將墨錠全部包裹住，盒底部還殘留有墨之乾涸後的殘渣，呈碎片狀，墨錠的外形呈不規則的蒜頭狀，中間部分最細，最大外徑不足 0.8 公分，整個表面比較粗糙，說明此墨錠可能是手工捏製而成的，而不是通過模具成型的。墨錠的下部有研墨後的痕跡，研磨面呈微凸的斜面狀，與墨錠其他部位相比，研磨面要光滑得多。該研磨面與墨錠縱軸線間的夾角大約為 40 度至 50 度，表明它是一塊實用品，並且是經過研磨來使用的〔註8〕。而西漢時已有膠製成的墨錠。

（三）竹與帛

於第二章已對竹簡書寫前需經多道作業處理作說明，從粗加工到細加工，最後還要以粗、細磨石打平磨光，使書寫於竹簡時即使筆畫幾乎相黏，也不會如布帛因線條較粗或墨的漲暈而幾乎吞沒了筆畫與筆畫的空間（如下圖左：竹書「非」字；右：帛書「建」字）。

〔註 8〕喻燕姣：〈楚國的用具〉，熊傳薪主編《楚國・楚人・楚文化》（台北市，藝術家出版社，2001 年 11 月），頁 166～167。

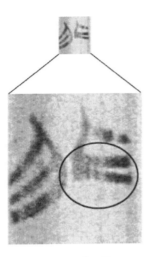

20_08_非_匪 三四上_03_建_

　　未經精緻細磨的竹簡可能與帛書同樣產生漲暈的效果：（此竹簡已經細磨，但未完全磨平纖維，故於較粗糙處仍出現許多依纖維暈染的現象）

筆者試書於竹簡的作品（局部）

第二節　竹帛書《周易》文字結體與動勢

　　單就竹、帛二者書法本體而言，竹書線條較爲纖細而多顯瘦勁，雖然載體較狹窄，但相較於帛書《周易》粗獷渾厚的線條，帶來緊湊的形體美感，竹書《周易》字形本身則給人較爲疏朗之感。由上節我們知道，線條的運動其實與字形結構密不可分，此段將提出竹、帛書《周易》富有特色的結字與體勢進行討論。

一、單字結構比較

（一）偏旁部件的寫法

部件	竹　書	帛　書	說　　明
角	41_33_角_角	七二上_10_角_	《說文》：「角，獸角也。」爲一象形字。甲骨文，西周金文有作（史牆盤），至戰國的楚地則作下方包合的貌（包山），本竹書皆爲此形；而秦地石刻則承金文行作（石鼓文），秦簡將原本左右向內彎曲的線條作同向，本帛書明顯承此（如【七二上_10_角_】），而又出現將其中「仌」形變爲「＝」（如【三九下_25_解_】），更加平直化。
	37_01_纊_解	三九下_25_解_	
止	40_24_是_躋	三六下_03_是_	竹書中「止」的寫法還算固定，但帛書中有時見到「草化」寫法（如【三六下_03_是_】例），亦常見於許多「辵」部下方的「止」形，可見漢初處於字形變動時期的不穩定性。
	48_13_止_趾	三三上_09_止_趾	

田	 20_29_畜_薗	 七一上_07_蕃_	「田」字爲象形,《說文》所謂「象阡陌之一縱一橫」,但甲骨文有 、 等形,由竹帛書「田」字寫法可知漢以前「田」形並未十分固定。
水	 45_32_泉	 三〇上_10_泉	竹書的「水」部偏旁位置通常在全字的左方或下方,在左方時上下習慣作大彎曲,呈「」貌;若書於下則爲橫向流動之「水」形,而此偏旁的位移與竹簡材料有關〔註9〕。而帛書「水」作爲偏旁時已演變爲「三橫」寫法,且多寫於左方,寫法與位置皆較爲固定;而作爲其他位置部件時,有時仍作篆形寫法(如【三七下_08_衍_愆】中間的「水」爲篆形,左右兩旁直畫似斷似連)。
	 45_36_井	 三七下_08_衍_愆	

(二)單字書寫上的變化

釋文	竹　書	帛　書	說　明
北	 24_29_北_丘	 四四上_25_北_	竹書寫法因書手不同而有異;帛書【一八上_20_北_丘】中爲兩豎畫,與金文 (大克鼎)寫法相似(西周金文多爲向下直拉寫法);而秦簡作 (睡虎地)微彎,楚簡 (包山)、(郭店)、(楚帛書)可見朝左右彎曲爲戰國時期常見的寫法,【四四上_25_北_】即承之,而曲或直的表現顯示當時形體可能未經規範,仍處於變動情況。
	 35_08_北_	 一八上_20_北_丘	

〔註9〕按:在竹簡形制限定下,先民們爲了改變這種情況,採取的方法是:改變單字部件的部位,儘量減少上下結構,或變上下結構爲左右結構,或把某一部件移入另一部件內,或將一部件縮至該字的一角,這樣在寬度固定的前提下,所組成的單字就要緊密,繁瑣一些,但避免了過長、過寬,和其他單字不致個頭相差太大。王曉光:《秦簡牘書法研究》(北京,榮寶齋出版社,2010 年11 月),頁259。

| 西 | 　17_32_西_ | 　六七上_07_西_ | 竹書寫法與西周金文相承，如散氏盤形，春秋金文也同形，字首的些微變化依書手而有不同；帛書則可見完全「平直化」（【六七上_07_西_】）與更進一步「方正化」（【八四上_10_西_】）的過程。 |
| | 　37_03_西_ | 　八四上_10_西_ | |

（三）結構特色

1、字內幾何特徵

釋文	竹　書	帛　書	幾何形	
易	55_24_易	三三下_21_易		
夬	39_08_夬夬_	四下_20_夬_		
已	41_15_已_起	六六下_18_已_以		
山	17_33_山_	六七上_08_山		

晶/茲	07_26_晶_三	三六下_05_茲_	
吝	57_15_各_鄰	二七下_32_叟_吝	
見	35_10_見_　25_11_見_	四一上_31_見_	
邦/鄰	08_28_邦_國	二六下_20　二六下_28	

　　此部分著眼於「字內」的幾何特徵，與下段將字外輪廓的結構形態分類並不相同，由以上列出的字例以及觀察其他未列出的字例後，似乎可試作歸類：

（1）方形－爲帛書「字內」最常見的形態特徵，於竹書中較罕見。多表現於「口」形，爲帛書從字內至字外的典型特徵。

（2）三角－爲竹書常見的字內形體特徵，除常表現於「口」形，亦見於字內塊面表現（如「山」字）；此類於帛書數量減少，但亦可見。

（3）圓形－於以圓弧線爲主的竹書可算是常見，有時形體亦介於三角與橢圓之間（如「見」字），而字內含圓形的字例於帛書十分少見，圓轉的筆畫多半是由篆書演變而來的書寫習性〔註10〕，大多可見其「結體方正化」的結構特徵。

〔註10〕見第四章第二節。

2、線與點的表現

釋文	竹　書	帛　書	表現位置
僕	53_38_q06_僕	三五下_13_僕_臣	右半部上方四畫
宗	33_17_宗_	七五下_26_宗_	「示」下三畫
受	57_26_受_	二九下_29_受_	「爪」部
示部	43_04_祀_	三七上_23_視_	「示」下三畫
少	53_02_少_小	二一上_25_少_小	「小」
說明	從相同字例或相同部首觀察「竹書→帛書」的書寫特徵，常可見「線→點」的變化情況。文字雖初爲「象形」，但常因書寫過程而演變，如「受」字上部「爪」形下三筆本應與上筆相連，殷商甲骨文作🐾，西周金文作🖐，春秋秦公鐘🖐，至本竹書爲戰國楚文字形，仍作象形的「ccc」形，但可知到漢代漸演變爲與上方脫離的「點」形，如🔲貌，可見文字常因書寫上的便捷需要而產生筆畫或形體的簡化，此應可視爲文字的自然演變現象。		

3、塊面表現

　　字形中的塊面表現，部分可視爲文字演變之跡，或可能爲書寫上的「肥筆」、裝飾習性等，於此提出討論，期能於書法創作中豐富文字的視覺趣味。以下試列竹帛書《周易》的字例說明：

部首	竹帛書字例		說　　明
丁	六八下_33_釘_頂		「丁」字西周金文作 ，戰國楚文字亦然 （包山）、 （郭店），而至睡虎地秦簡 即可見下方衍生筆畫，此帛書字例即承此來。
山	17_33_山_	六七上_08_山	西周金文作 山（大克鼎），戰國楚簡多作 （郭店），睡虎地秦簡亦有作 山，帛書承之；本竹書塊面略小，中豎多一短橫飾筆，爲楚文字常見寫法。
瓜	33_26_瓜_孤	三九上_26_狐_狐	「瓜」爲象形字，如金文 形，睡虎地秦簡中亦見特別加粗的筆畫 ，於帛書則見粗塊面式的肥筆；而竹書亦以線條粗細明顯區分「瓜」與「匕」（如 【10_14_比_】）。
	41_22_苽_瓜	七五下_35_苽_孤	
泥	02_36_坭_泥	40_13_柅_	「尼」字於侯馬盟書可見 形，而竹書將「匕」上部均寫作肥筆。
終	02_30_夂_終	38_08_卹_恤	「夂」字中多用與其他筆畫粗細相同的橫畫表示，而此處作較粗重的方形筆畫。「血」，《說文》：「血，祭所薦生血也。从皿，一象血形。」而此「血」旁上方的粗筆即象皿中盛血之形。

二、結體形態比較

　　此段試著提出竹帛書《周易》中具有特色的文字外形，探尋其筆畫體勢、結體形態等規則，並稍作小項歸類討論。

（一）方圓（竹書圓弧結體與帛書方正結體已討論於前，此僅簡列字例如下。）

釋文	竹　書	帛　書
吉	23_01	九一下_24
門	16_16	九一上_08
缶	09_28	二一下_09
四	14_31	三九下_11
自	41_27	三六上_13
說明	由以上字例可知，竹書以圓弧、彎曲的線條爲多，帛書則多半以平直的線條構成「方折」的字形樣貌，由此可看出帛書線條平直化與字形方正化的文字特徵，與竹書圓曲的特質截然不同。	

（二）向　背

文字的結體有「相向」（如「妙」、「幼」等字）與「相背」（如「北」、「孔」等字），而點畫的安排與組成影響著文字的形態與體勢，楷書則常從豎畫與豎畫之間的關係說明「向勢」、「背勢」及「直勢」三種不同的體勢，並以「門」字為例〔註11〕。而在簡帛字體的筆畫間亦存在著「向背」關係，其中當然與筆畫弧度息息相關，以下將竹帛書《周易》中的文字，就其若干橫、豎等筆畫列舉數例討論。

釋文	竹　書		帛　書	
王	05_16	42_02	五〇上_25	九〇下_20
	橫畫相向	橫畫相向	橫畫相向	第三橫呈「⌒」，與上兩橫略有相背意味。
二	44_35	18_31	八五上_22	六二上_30
	相向	相向	相向	相背
上	23_09		三五上_20	
	相向		相向	

<hr>

〔註11〕杜忠誥：《書道技法1・2・3》（台北市，雄獅圖書，1996 年 5 月四版六刷），頁 73～74。

雨	34_06	38_22	三六上_12	七六上_20
	橫畫相向；豎畫呈向勢。		橫畫相向；豎畫呈直勢。	橫畫相向；豎畫相向。
用	13_04	25_01	九二下_23	一三上_15
	（書手 D）下兩橫畫相向；左右豎畫呈向勢。	（書手 A）下兩橫畫相背；左右豎畫呈背勢。	橫畫相向；豎畫相向。	橫畫相向；豎畫相背。
行	21_28	48_08	九二下_28	四六下_02
	（書手 B）左右呈背勢。	（書手 D）左右呈背勢。	豎畫呈直勢。	
非	20_08_非_匪	35_24_非_匪	一七下_06_非_匪	
	（書手 B）左右呈背勢，但曲度不一；右半部橫向筆畫未完全相向。	（書手 D）左右呈背勢；橫向筆畫多爲相向。	橫畫相向；豎畫呈直勢。	
說明	竹書橫畫取勢多朝同向書寫，同字中弧度大多一致，呈「（　）」之勢（如「王」、「二」、「上」等字），豎畫則因書手而異，以「用」字爲例，書手 A 多「背勢（　）」，書手 D 則採「向勢		帛書橫畫取勢亦多朝同向書寫，同字中弧度大多一致（如「王」、「二」、「上」等字），略呈「———」勢，「二」字僅一【六二上_30】例外（兩橫相背）；而豎畫或有隱隱的「背勢」弧度，但	

（）（）」；而「行」字因文字結構線條自然呈背勢，但書手 D 線條多對稱朝反方向行，書手 B 筆畫並未對稱，較爲隨興。可見竹書文字線條的向背可能因書手不同而有不同的變化。	主要仍以「直勢（｜｜）」爲主，即兩豎畫直下，並互相對稱，無特別彎曲，此點與帛書「線條平直化」以及「結體方正化」息息相關，更與竹書慣有的彎曲線條迥異。

（三）幾何構形

此處所舉的字例乃根據竹帛書的文字結體所建構成的外形，藉由幾何形體加以分類，並試著歸納其構形規則。

形態	竹帛書	字　　例		
三角	竹書	 05_06_晶_三	 09_44_之_	 10_31_凶_
		 30_04_利_	 05_18_亡_	 45_16_明_
	帛書	 三五上_20_上_	 三三下_14_之_	 三四上_32_允_由
	此類型竹書較帛書常見許多。但正立的三角形「△」並不多見，出現於少數下半部爲長橫支撐的字例（如「上」、「之」等字）或文字結構本身的三角排列（如「晶」、「品」等字）；而大多爲書寫者有意無意下的產物，如有些因拉長主筆而使字形產生大角度的形態變化（如竹書「利」字、帛書「允」字等），此多半爲傾斜或不規整的三角形態。			

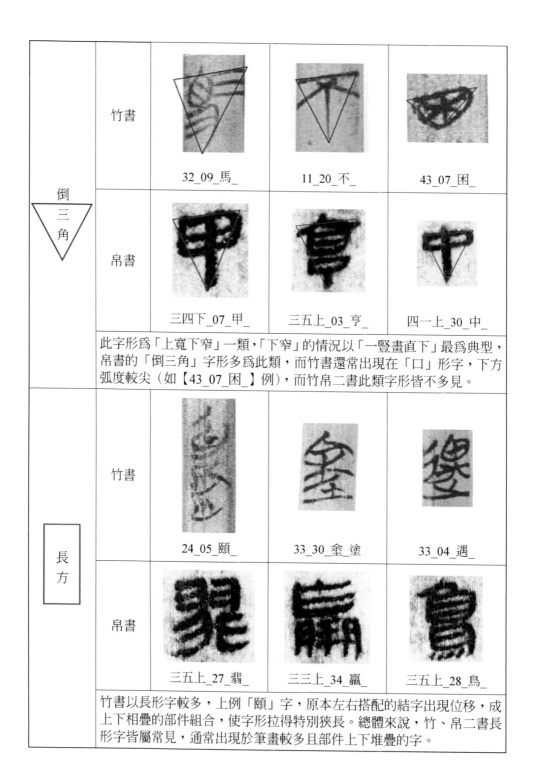

倒三角	竹書	32_09_馬_	11_20_不_	43_07_困_
	帛書	三四下_07_甲_	三五上_03_亨_	四一上_30_中_

此字形爲「上寬下窄」一類，「下窄」的情況以「一豎畫直下」最爲典型，帛書的「倒三角」字形多爲此類，而竹書還常出現在「口」形字，下方弧度較尖（如【43_07_困_】例），而竹帛二書此類字形皆不多見。

長方	竹書	24_05_頤_	33_30_奎_塗	33_04_遇_
	帛書	三五上_27_翡_	三三上_34_贏_	三五上_28_鳥_

竹書以長形字較多，上例「頤」字，原本左右搭配的結字出現位移，成上下相疊的部件組合，使字形拉得特別狹長。總體來說，竹、帛二書長形字皆屬常見，通常出現於筆畫較多且部件上下堆疊的字。

扁長方	竹書	15_03__恒	10_15_王_	14_19_日_
	帛書	三三下_18_亡_	三四上_06_師_	三三上_20_小_

竹書中，典型的「扁長方」字例多出現一筆以上的橫畫，使全字有向左右開張、延展的趨勢；而帛書形態爲「扁長方」的字例較多，類別也較雜，有些文字結構本爲「扁形」（如「四」、「六」、「二」等字），或本爲左右雙拼結構，且豎畫並未拉長者（如「師」、「比」等字），或爲當時代的字形演變趨勢，書手本身對文字的書寫習慣或喜好，此類也佔了很大部分的因素。大致來說，「扁長方」形態的字多出現於單字中豎畫未拉長，但橫畫拉寬者，若結字爲上下堆疊者，筆畫大都不多。

正方	竹書	22_03_利_	33_09_礪_厲	42_40_咎_
	帛書	三九上_06_所_	三七下_10_遲_	三四下_19_餘_

「正方」與「扁長方」皆爲帛書常見的文字形態，竹書中「正方」字例較少，大都出現於少數左右雙拼的字，而帛書的「正方」構形不僅限於左右組合的字例，也可能爲單一結構或上下相疊覆載的字。

三、文字重心與動勢比較

（一）「筆畫之弧度與斜度」對動勢的影響

釋文	竹　書	帛　書
外	10_05_外_ 	二三下_11_外_
	左右部件關係較緊密，因筆畫斜度而有朝左與朝下的動勢。	左右部件略分離，但筆畫斜度均較直立，產生朝下的動勢。
用	13_04_用_ 	九二下_23_用_
	左右兩豎畫的弧度使字勢產生向外膨脹的視覺。	筆畫幾乎平直，使全字正立不偏。
少	53_02_少_小 	二一上_25_少_小
	兩畫斜度相同，使字形動勢朝左下角移動。	撇畫具弧度與斜度，至末端動勢向左，但出鋒時稍上揚，使字的動勢有向左上延伸的意味。
方	09_12 	四四下_09
	兩筆畫的書寫方向組成此字穩固的架構。	包含第一筆，筆畫皆具左低右高的傾斜度，使字勢自右上朝左下發展，形成「←」的動勢。

非	35_24_非_匪	一七下_06_非_匪
	兩豎畫的斜度分別從「左上－右下」、「右上－左下」，動勢朝全字下方集中（　），形成此字重心。	豎畫直立，使字形平穩，字勢因橫畫而朝左右延展。
行	48_08	九二下_28
	如紅線條所示，兩筆畫有弧度地向左右開展（如箭號方向）。	兩筆垂直的豎畫使全字的重心朝下，而有順著上方筆畫朝左右延伸之意。
整體說明	與帛書《周易》相比，竹書字中的線條無論朝哪個方向傾斜，斜度皆較大，弧度也較明顯（如「用」字左右兩筆），使字形取勢（字勢多有「左傾」的現象）、張力表現皆較為鮮明與外放。	關於帛書《周易》線條的弧度與斜度，普遍來說，橫畫較平、豎畫較直，字形取勢較為注重平穩，筆畫若有斜度也不誇張（略呈「左低右高」之勢），線條的弧度也以能平衡全字為主，營造出穩健、含蓄整體感受。

（二）「部件位置」對重心與動勢的影響

此部分主要著眼於左右雙拼字的部件位置在產生上下位移變化時，對字形的動勢有何影響，略列若干不同字例如下：

部件位置	竹帛書	字　　例		
左低右高	竹書	10_13_顯_	33_03_佤_孤	13_05_截_侵

		48_36_暵_限	25_21_經_	28_03_利_
	帛書	四〇上_06_射_	六九下_06_如_	三七上_21_眇_
		六一下_22_陝_頰	四一下_25_剖_菩	三七上_22_能_
	說明	「左低右高」的部件組合於竹書的左右雙拼字中最爲常見，組合方式有：□□、□□ 或 □□ 等，字形配合筆畫的斜度多呈現「左下－右上」(↗)的傾斜動勢，於帛書中亦可見此類字例，所占比例雖不比竹書，但也具有一定數量，若言筆畫的「左低右高」乃因人體工學所致，或許可說字形的「左低右高」符合人體的視覺感官習性，這大概也是在自然書寫的情況下，手寫墨書所共有的結字狀況與視覺動勢傾向。		
左高右低	竹書	08_17_殞_尸	22_23__說	08_02_敗_田
		42_33_斛_握	22_17_礦_厲	22_43_僮_童

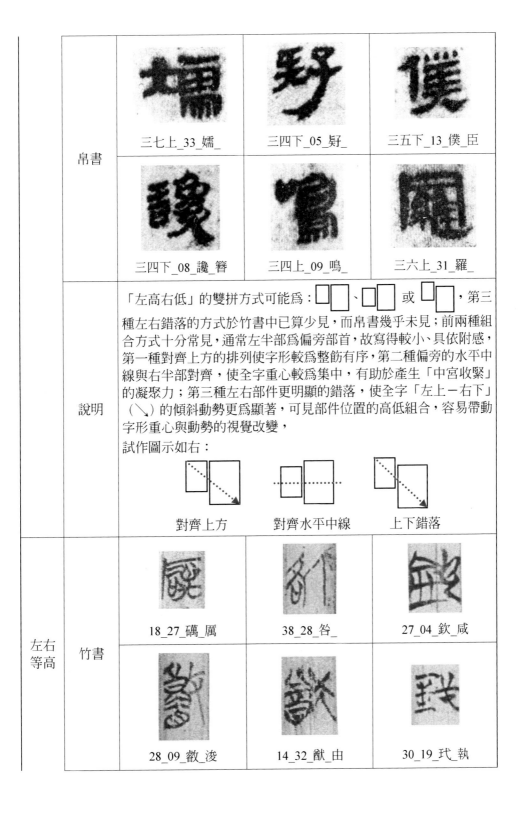

	帛書			
	三七上_33_嬬_	三四下_05_豫_	三五下_13_僕_臣	
	三四下_08_讒_簪	三四上_09_鳴_	三六上_31_羅_	

	說明
	「左高右低」的雙拼方式可能為：□□、□□ 或 □□，第三種左右錯落的方式於竹書中已算少見，而帛書幾乎未見；前兩種組合方式十分常見，通常左半部為偏旁部首，故寫得較小、具依附感，第一種對齊上方的排列使字形較為整飭有序，第二種偏旁的水平中線與右半部對齊，使全字重心較為集中，有助於產生「中宮收緊」的凝聚力；第三種左右部件更明顯的錯落，使全字「左上－右下」（╲）的傾斜動勢更為顯著，可見部件位置的高低組合，容易帶動字形重心與動勢的視覺改變， 試作圖示如右： 對齊上方　　對齊水平中線　　上下錯落

左右等高	竹書			
	18_27_礪_屬	38_28_咎_	27_04_欽_咸	
	28_09_叡_浚	14_32_猷_由	30_19_戕_執	

帛書	三四上_18_終_	二三下_18_顯_	三九上_07_往_
	三三下_28_觸_	三四上_01_餘_豫	三三下_06_藩_
說明	左右部件位置等高的字爲上下等長的部件組合，多半呈 □□ 貌，有時偏旁稍窄，呈現左窄右寬 □□ 或左寬右窄 □□ 的組合，此類屬帛書的典型樣式之一，爲一最符合「結體方正化」的字形特徵，如此整齊排列的方式於隨興、率意書寫的竹書便較少見。		

整體而言，竹書字形「左低右高」最多，以「╱」字勢爲主（亦與橫畫的慣性斜度有關），帛書中偶爾可見；而能與竹書拉開差距之處在於帛書以「左右等高」的組合爲一典型，「方正」的特徵形成「──」較平直的動勢，此樣式於竹書中較爲少見；而「左高右低」的組合在竹書中也鮮少出現，帛書僅出現「對齊上方」與「對齊水平中線」兩類，且出現此種組合的字例並不少，字形已出現明顯地規範化現象，其中前者應可看作是爲了符合字形架構、主筆彰顯等美感需求的成熟表現，而後者則使字勢更爲平穩，應爲字形發展的趨勢。

（三）「疏密」對重心的影響

類　　別	竹　　書	帛　　書	說　　明
上疏下密	25_20_怸_拂	三三上_34_嬴_	重心偏下
上密下疏	45_30_槩_洌	三九下_04_乘_	重心偏上

左疏右密	47_15_娶_鞶_	四六上_18_遺_	重心偏右
左密右疏	25_14_猷_欲_	八五上_30_觀_	重心偏左
整體說明	「疏密」對重心的影響主要在「密」，當筆畫緊密排列，便容易成爲全字的重心傾向與視覺焦點，「上密」則重心偏上，「左密」則重心偏左，然其中又因線條的緊密程度有些微差別，如【47_15_娶_鞶】雖重心偏右，但因右上筆畫更密集，使重心更偏右上；【25_14_猷_欲】重心偏左，但下「目」形筆畫較密集，使重心更偏左下。當然「疏密」對重心的影響有時並非如此絕對，往往還需考量其他因素，如筆畫是否傾斜、部件如何組合……等，若單就形體上的「疏密」來說，每個字形因「疏密」而使重心位置有了不同的變化，不只爲文字增添了跳動的視覺韻律，也豐富了字形變化的層次感。		

（四）「主筆」對重心與動勢的影響

釋文	竹　書		帛　書	
	05_16	42_02	九〇下_20	五〇上_25
王	無明顯主筆，若與帛書同以末橫爲主筆，則顯見圓弧的橫畫曲度，使全字雖因橫畫朝右上取勢，仍因此弧度有向下平衡的意味。	無明顯主筆，所有橫線皆朝右上方傾斜，使全字略向右上取勢。	末橫爲主筆，按壓較重，有平衡全字之效。起筆後微微下彎，弧度極小、不明顯，收筆處向右上尖收，使全字有右上之勢。	末橫爲主筆，按壓較重，有穩定全字重心。主筆行筆中有少許曲度變化，使此字有較爲「流線」的動勢，收筆處以雁尾向右上出鋒，使全字有右上之勢。

弟	 08_14_弟_	 三七上_13_弟_娣
	主筆爲朝右下的長斜畫，此筆由左上往右下貫穿全字，使全字稍呈左傾之勢，重心位於上方偏左處。	主筆爲朝右下的右弧鉤，雖然如此，相連的撇畫使全字重心可能左傾的取勢得到平衡。
可	 45_12_可_	 八七上_15_可_
	「可」字豎鉤朝右下的斜度，影響全字的動勢與視覺感受，雖於末端向左回鉤，但字勢未有明顯轉變。	此字豎鉤以「左弧鉤」表現，使字形略爲右傾，呈右上向左下的動勢，最後出鋒較平，有朝左方（←）伸展的意味。
獲	 20_27_穫_穫　　　48_05_夓_獲	 四〇上_13_獲_　　　六六下_11_獲_
	二例爲不同書手，右半部「隻」除字形、寬窄稍有異外，「又」的長畫表現也不同。【20_27_穫_穫】以弧線朝右下書寫，末端朝下方自然畫出，全字動勢順勢向下伸展；而【48_05_夓_獲】朝右下拉長筆畫，直挺而少弧度，使字勢呈「↘」的方向十分明確。	帛書的「獲」字以豎畫爲主筆，「又」雖有較粗重的撇捺表現，但筆直而立的豎畫線條使文字產生直直向下的動勢，右下缺「又」的【四〇上_13_獲_】例亦是如此。

第三節　竹帛書《周易》章法佈局

一、單字書寫空間

　　每一筆畫的空間布局關係到個別單字的書寫結構，本段除討論單字疏密問題、穿插避就使單字空間產生的變化，亦從書寫材質上討論書寫範圍的對單字空間的影響等。

（一）疏　密

　　一單字內筆畫的空間安排，常造成字形出現明顯的疏密變化，或因文字結構本身個別部件的位置、筆畫堆疊的多寡，或書手對字形的掌握、意識下操作單字的空間布局……等，諸多變因的結合使文字造形出現多樣的疏密變化，也使文字給人的視覺感受更加豐富。

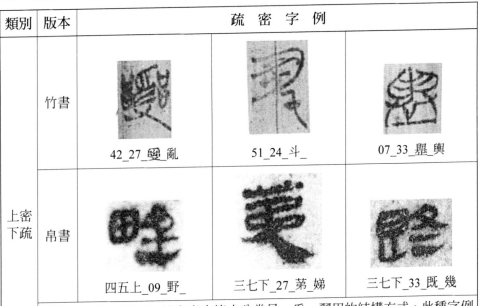

類別	版本	疏　密　字　例		
上密下疏	竹書	42_27_嬖_亂	51_24_斗_	07_33_嬰_興
	帛書	四五上_09_野_	三七下_27_弟_娣	三七下_33_既_幾

　　「上密下疏」字例於竹帛書中皆十分常見，爲一習用的結構方式，此種字例稍作歸類，可知其時常出現在：1、上半部筆畫較多者（如竹書「嬖」、「嬰」，帛書「野」等字）；2、下半部件筆畫可拉長（多表現爲「主筆」）者（如竹書「嬖」、「斗」，帛書「弟」等字），此類字形十分常見，帛書更甚；另如帛書「既」字所形成的「上密下疏」空間則較爲自然，且全字符合帛書結體方正化的典型。

上疏 下密	竹書	25_20_𤞤_拂	24_01_頤_	38_01_睽_惕
	帛書	三三上_34_贏_	四〇上_10_庸_墉	四四下_02_霜_

「上疏下密」一類於竹、帛二書中偶爾可見，其共同點在於多出現在筆畫較多且為上、下組合的字例，而下半段部件組成繁雜者尤是。

左疏 右密	竹書	02_08_利_	18_41_榦_幹	47_15_婁_鞏
	帛書	五九下_15_復_孚	三三下_29_藩_	三三上_32_觸_

「左疏右密」的字例多半具備左、右的部件結構，且左部件通常為筆畫較少的偏旁，與右半部筆畫較多的部件相互搭配而成（此類字例大部分的成因），也可能單純因為右部件的結字形態容易將筆畫緊密排列，進而對比左部件較為寬鬆的結構（如「利」字），使得全字出現「左疏右密」的空間結構。

左密右疏	竹書	50_32_鴻_鴻	01_28_毃_擊	14_27_逗_遲
	帛書	三四上_25_餘_	三九上_06_所_	四四上_15_迷_

竹書中，「左密右疏」的字例幾乎皆出現於左半部筆畫較多，而右半部筆畫較少的部件組合（如「鴻」、「毃」等字）；但也有如「逗」字較無規則性可循的組合，此應非字形本身的結構因素，且將之歸爲書寫者的主觀書寫意念（主觀地將「尸」向「辵」旁靠，再拉寬右「＝」）；而構成帛書「左密右疏」的字例，除如「餘」字筆畫左多右少的文字基本因素，更多了一些筆畫並不特別多，但書手特別將左半部空間壓縮，拉寬右半部件空間的情況（如「所」、「迷」等字），但竹、帛二書仍皆以「筆畫左多右少」造成結構「左密右疏」的情況爲主。

中密上下疏	竹書	05_04_禕_眚	09_03_q01_筮	22_31_菫_艱
	帛書	七三上_25_童_	六八上_23_菫_稊	三五下_13_僕_臣

此類結體於二書中並不多見，成因多半在於文字結構本身中段部分線條較多，一一堆疊後自然呈現中宮較爲緊密的結體（如「菫」、「僕」二字），但亦與書法「中宮收緊」的基本結構原則或書手的書寫習慣有關（如「童」字將「里」與上方兩點相黏，且空間十分緊密）。

		中疏上下密字例		
中疏上下密	竹書	05_28_愈_渝	40_21_贏_贏	17_24_從_
	帛書	五九下_25_若_	竹書中偶爾會見到此類結構，但字例並不多，然帛書本身「中宮收緊」的結字特徵更加鮮明，所以此類「上下緊密而中宮疏鬆」的結體甚為少見，也較難找到符合的典型字例。	

（二）避就穿插

「避」與「就」即互相避讓或依附，通常出現在兩個以上部件組合的字形。各部件的點畫依空間結構上的需求，做出線條穿插避就的安排，使單字架構能在互相關照、揖讓間結合得更加緊密，又不顯侷促。

字形種類	竹帛書	避 就 穿 插 字 例		
左右	竹書	47_02_改_巳	16_36_陵_隨	22_37_利_
		44_02_改_改	43_12_剝_貔	25_36_利_
		同一書手於相同字例穿插方式略有不同。	左右部件筆畫互相穿插。	左部件「禾」向右伸展，上例右部件撇畫避讓，下例則未避讓，筆畫交叉而過。

	帛書	八六下_31_陵_	三七上_07_利_	二九下_11_敝
		九〇上_04_叚_假	三七上_31_妹_	七三上_23_茨_資
		左偏旁部件讓出空間，使右部件撇畫得以伸展。	左右部件筆畫互相穿插。	左右部件一高一低，使筆畫能穿插得宜
上下	竹書	43_15_迻_動	19_04_愍_悔	38_37_疋_且
		14_27_逞_遲	43_16_愍_悔	50_35_陸_陸
		「辵」部穿插上部件空間，下例未完全避讓。	同一書手於相同字例穿插方式略有不同。	上：下部件避讓上部件。下：豎畫避讓橫畫。
	帛書	三五下_24_臧_戕	二二下_29_楚	三六上_31_羅
		九三上_24_或_	九一上_11_悔	七二上_20_閭_吝
		左上部件緊密避讓使撇畫得以伸展。	下方部件穿插至上方部件的空間。	豎畫避讓橫畫。

-235-

整體 說明	總體而言，帛書「避就穿插」字例較有規則可循，組合相似的字形穿插避讓的方式可能也相似；反之觀察竹書字例，同一書手相同字例可能出現兩種以上不同的穿插避讓方式，其中書風最爲率意的書手 A 常有不相互避讓的現象，可見當時文字結構未經規範且尙未穩定的情況下，字形空間的安排與字形規整的程度，書手本身的審美意識表現是非常重要的的影響因素。

（三）書寫範圍

　　竹書載體本身的狹長，與帛書的「朱絲欄」，使二者書寫範圍有一定的相似性。

　　竹簡雖然字形寬度受限，但簡身長度較長，使文字除了字形本身能做上下長度的調整，也方便於拉開字距；而以布帛爲書寫載體的帛書《周易》，因界畫朱絲欄，使其書寫範圍亦受限於直行寬度，然雖無橫線界隔，但字形本身的方正與一定的字距足以使全篇看來工整平穩，此爲《周易》（漢隸類）與其他同墓出土的帛書明顯不同之處（如下圖所示，帛書《刑德》甲本單字書寫的空間較爲自由，使行距、字距之間的疏密變化豐富了許多）。

竹書《周易》　　　　　帛書《刑德》甲本　　　　　帛書《周易》

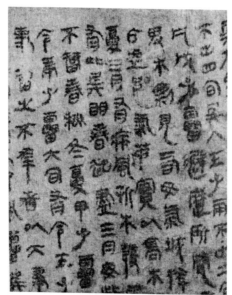

二、字距的變化

帛書：三三下～三五下局部　　　　竹書：書手Ｂ－簡22局部

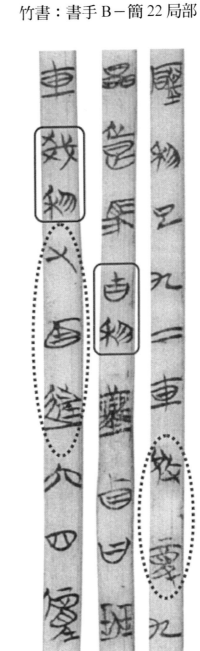

　　上圖左第一行與第三行下方的方形實線框爲字距較小的部分，左上兩處的橢圓虛線框字距較寬鬆，但緊密不至於相黏，仍保有約單字１／２左右的空白，而寬鬆不至於過度遠離、中斷行氣，約保有 1～1.5 個單字的空間，此局部情形即爲帛書全篇常見的字距分布。竹書書手 B（簡 20～23）僅簡 22 字距有明顯的鬆緊之別，其他簡的字距變化不大，此簡 22 兩處（橢圓虛線框）字距特別寬，而兩處（方形實線框）字距特別狹窄，其餘爲最常出現的一般字距（約 1～1.5 個單字空間），書手 B 的其他簡文亦多以此字距爲主。

帛書：三三下～三五下局部　　　　　　竹書：書手 A－簡 05

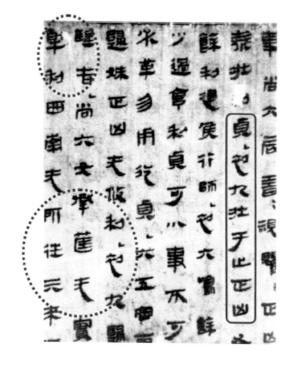 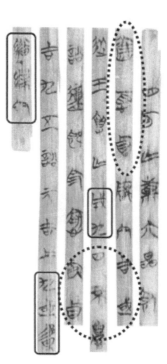

書手 B－簡 22　　　　書手 C－簡 26　　　　書手 D－簡 44

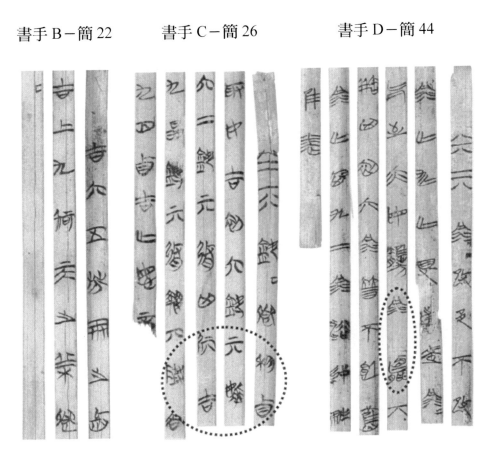

　　從實線方框與虛線橢圓框所圈的區域範圍可知，竹書各書手與帛書的在每行（每簡）的書寫皆有或多或少的字距變化，鬆緊也沒有一定規律，其中竹書書手 A 的字距變化較多且大，與其輕鬆、率意的書風相合。下試將單字緊密排列，可看出帛書字形的方整，且多數字有較竹書明顯的「中宮收緊」現象，開闊也較富變化；而竹書字形較鬆，斜線較多，向外開展的趨勢較濃，由此見得拉進字距後，兩者皆呈現不同的視覺效果。

竹書：簡 55　　　　　　　　　　帛書：四一上

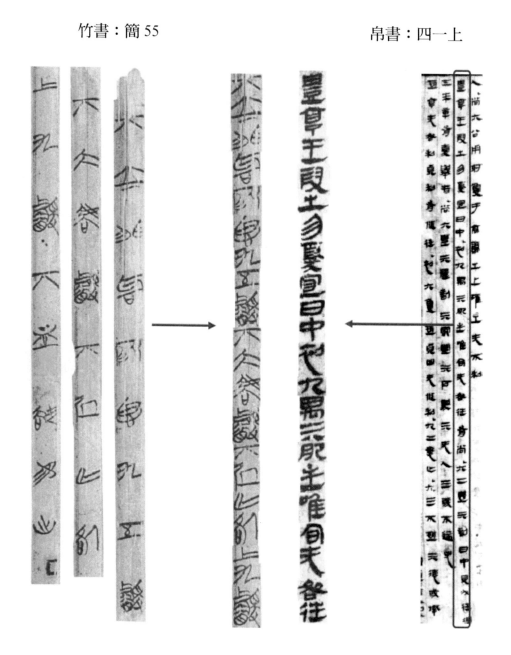

三、行氣的脈絡

（一）行軸線變化

從上章分析已得知帛書的行軸線通常變化不大，偶爾受彰顯主筆的影

響，可能使該字的中軸線稍有偏移，若考慮到帛書書寫材料本身的因素，其行軸線變化可能也與帛的褶皺或纖維織紋受拉扯有關；而竹書則因載體本身極為窄小，寬度受限的情況下字形大小僅能於長度上變化，使得行軸線左右晃動的機率更小了。如下圖所示（圖版右方的紅線為左圖的行軸線）：

簡 13　　　　　　　　　　　　九○～九二下

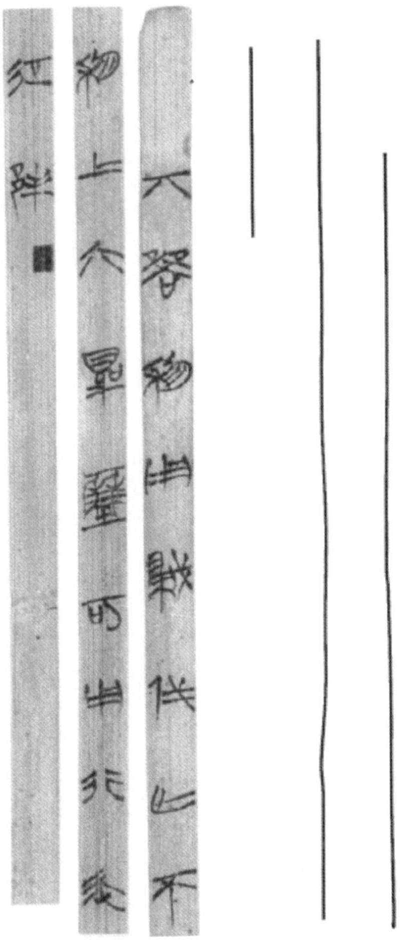

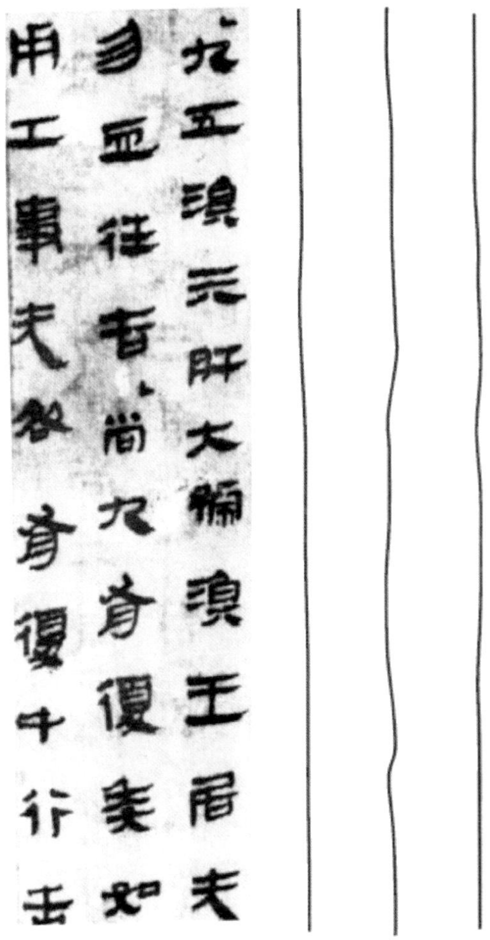

（二）橫向行氣

　　前章已略述帛書《周易》因界有朱絲欄而容易形成有行無列的空間形式，但橫向文字並不刻意對齊，如此似乎使得全篇章法佈局有了不同的觀看方式；而竹書《周易》則是在每一狹長的竹簡整齊地一一排列後，才略可因寬

鬆字距而看出竹書橫向的行氣脈絡。

竹書（簡 40～45）　　　　　　帛書（三三～三九上局部）

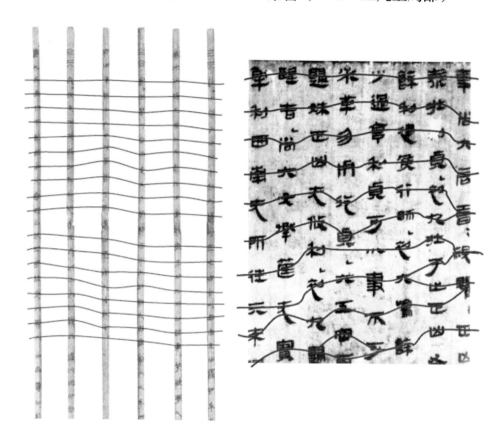

　　由上二圖所示，不難看出帛書的橫向行氣跳動較大，竹書則頗爲平穩，而所謂橫向行氣的脈絡多半來源於獨立的單行中，字形與字距的變化差距，字距與字形長短變化大者，橫向的氣息脈絡便跟著起伏，而竹書簡 40～45 的寫手爲較嚴謹、規矩的書手 D，字距與字形變化皆較含蓄、工整，因此，由依照字形中心所畫出的平緩橫線，即可知竹書的字距變化相對於帛書小了許多。

四、載體對章法布局的影響

（一）書寫範圍的限制

　　依竹書《周易》的形制可知完整竹簡長 44 公分，寬 0.6 公分，厚約 0.12 公分，約能書寫四十四字；而帛書全篇帛幅高約 48 公分，寬約 85 公分，每

行約六十四至八十一字不等，雖界有「朱絲欄」，但書寫於寬闊的布帛上，屬於完整的塊面經營，不似竹簡載體本身的狹長，書寫範圍大大受限，但也因此於竹簡上書寫時，容易逼近邊界，產生橫向張力，使其別具特色。

帛書《周易》　　　　　　　　　竹書《周易》

（二）通篇視覺

1、直條與塊面的美感

（1）竹書的直條狀美感：竹簡本身存在著直條狀的美感，隨竹簡的彎曲程度或小幅的弧度變化而產生細微的感官差異，使「直條狀」並不盡然為單

純的「直線式」視覺。以下圖示右起：簡 16～30（上方標示書手）。

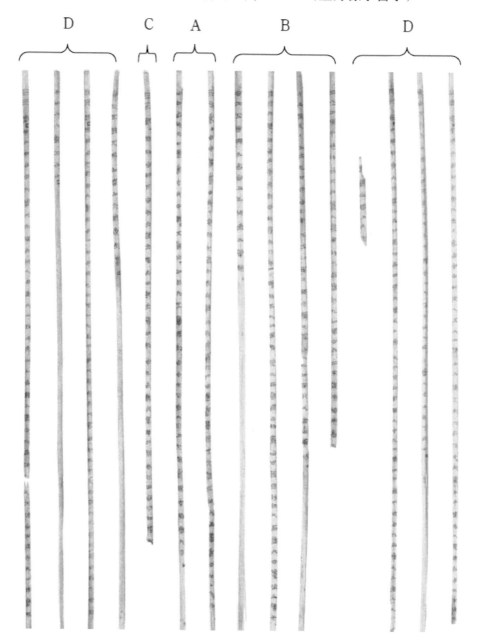

（2）帛書的塊面式美感：由於書寫載體的寬度差異，帛書與竹書在通篇
視覺上本不同，雖帛書《周易》以朱絲欄將行與行清楚界隔，但全篇看來仍
為一富有整體感的塊面式結構，當然，其中破損碎裂之痕亦可當作大塊面中，

不規則的小塊面來觀看（如圖所示）。

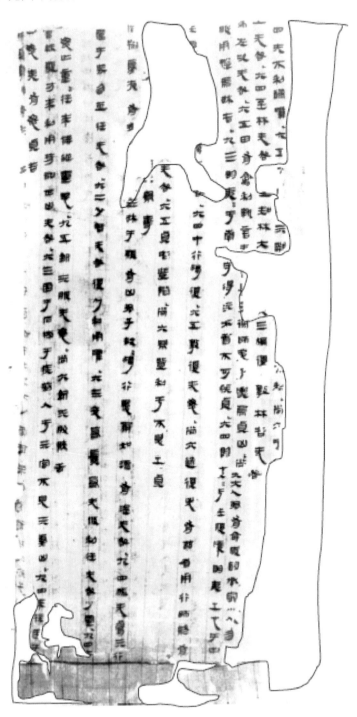

2、斷裂破損的美感

時空的自然、人為因素造成竹帛書的破損之痕，而因材質因素，竹書以斷裂、龜裂與表面刮痕為主，而帛書則來因長久的摺痕使得帛幅段成上下兩截，使我們不得不分開觀看，其他多處的破損碎裂雖造成帛書字形模糊或文字缺損的情況，但也因此形成幾分破損的美感。（下圖所示為帛書四七～九六上下接合的情況）

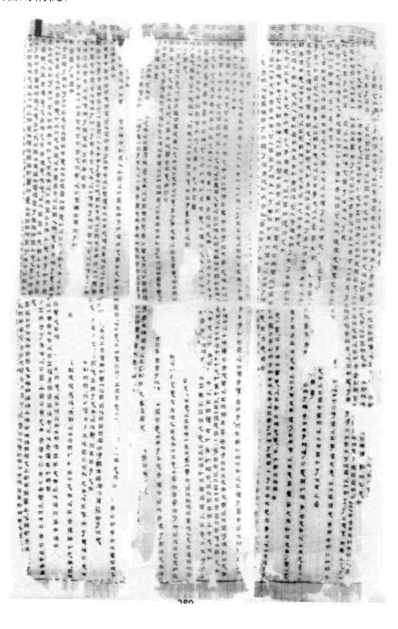

289

右起：

簡 01～04

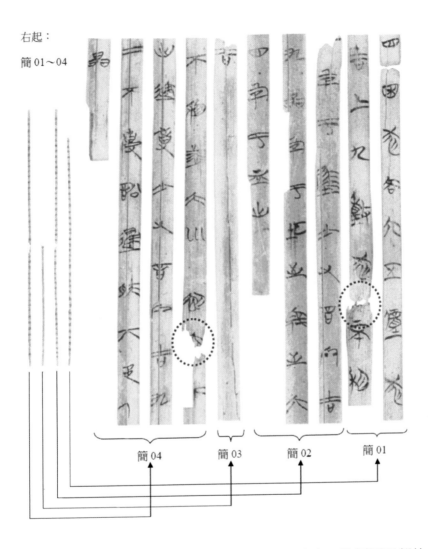

簡 04　　簡 03　　簡 02　　簡 01

　　上圖挑選出簡 01～04 中有斷簡現象或簡身龜裂者，將圖版局部放大示意，可知竹簡斷裂痕跡時常爲片狀（如簡 04 與簡 02 所示），有時則依竹簡纖維產生撕裂之痕（如虛線紅圈處）；而簡身若在書寫前已龜裂，書寫時便易因筆毛遭遇縫隙而產生線條跳動的現象；或因簡面的刮痕，而使字形線條稍顯模糊（如下【19_07_迷_】），此爲書寫完成後的磨損現象。

3、質地纖維與褶皺的影響

帛書因有界欄而產生直行的視覺形式，但有時因纖維遭拉扯，而與竹簡略呈不規則弧度的直條狀美感產生些微的相似度，但軟質的帛體在拉扯纖維或本身褶皺的情況下，對表面的文字形體與線條定會有一定程度的影響，然此種材質因素而產生的現象並不會出現於竹簡的文字中。

纖維拉扯使
直行產生移動

「五二上」字庫：由上方字庫檢視，可明顯見到因帛的褶皺而使線條產生波折的情形。

第四節 竹帛書《周易》的整體風格與幾個相關問題

一、竹帛書《周易》的與書寫情況

由於毛筆書寫的線條具有表達感覺與情緒的無限可能，因此自從書法成為一門自覺的藝術以來，控制線條質感的筆法始終處於最重要的地位〔註12〕。孫過庭《書譜》：「一畫之間，變起伏於鋒杪；一點之內，殊衄挫於毫芒。」即簡潔描述了點畫內部的運筆情況，透過毛筆、竹帛等用具材料，完成書寫的行為，而其中書寫者使用書寫工具時如何「運動」（何種姿勢或狀態）、如何掌控線條質感、如何在頓挫、提按、使轉中表現出個人獨特的審美意識……等問題，似乎可稍作試論。

（一）書寫姿勢與運動方式

根據我們自身的書寫實踐和當時的歷史文化背景可知，當時尚無桌凳，要席地而坐，書寫時不能坐在凳子上伏案操作，而是一隻手執筆，另一隻手把持簡牘進行書寫，這就意味著，書寫動作是在肘部和腕部沒有可以憑藉的外在支撐力量的情況下完成的。啟功先生《關於握筆的手勢》一文，通過對古人留下的圖畫資料考察，進一步詳盡分析三指握管法：原來三指握管法是特指席地而坐時書寫的方法。古人席地而坐時，左手執卷，右手執筆，卷是朝斜上方傾斜的，筆也是斜上方傾斜，這樣卷與筆恰好成垂直狀態〔註13〕，此是最省事、最自然，也是最實用的方法。至於帛書的書寫姿勢，王忠仁研究帛書《戰國縱橫家書》時認為，絹帛因質地柔軟，一般卷在軸上或木板上書寫（但筆者未尋得相關實證），書寫時席地而坐，左手持軸，右手執筆書寫，由於拿於手中書寫，且字小所以只能以腕指的帶動來書寫，因此橫畫多為弧線〔註14〕，然此為該帛書的書寫特徵，於《周易》的橫畫表現卻已非「弧線」，可能至漢文帝左右雖仍未發明桌凳，但已非全以「左手持軸，右手執筆」的書寫姿勢抄寫文書，（但河南信陽、湖南長沙等楚墓已知有漆案、漆几等家具出土，然皆記為「置物」用途〔註15〕，是否已有置放竹簡於案上書

〔註12〕邱振中：《書法藝術與鑑賞》（台北市，亞太圖書，1995 年），頁 47。
〔註13〕轉引孫鶴：《秦簡牘書法研究》（北京，北京大學出版社，2009 年 7 月），頁 66～68。
〔註14〕王忠仁：《帛書《戰國縱橫家書》之書法研究》（國立台灣藝術大學造形藝術研究所，中國書畫組，碩士論文，2009 年 6 月），頁 29。
〔註15〕聶菲：〈製作精良的楚式家具〉，熊傳薪主編，《楚國・楚人・楚文化》（臺北

寫，又或者到了漢代可能已習慣將絹帛置於案几上而書的情形，也未可知）；又或書寫者於線條的掌握已十分精熟的情況下，順應當時的字體演進，得以書寫出高度自覺的平直線條與方正字形，於此看來，「書寫姿勢」與線條表現的直接對應關係可能需再作討論（其間的運動方式尤是），又或者字體演變對於書寫者的影響大於寫手本身符合人體工學的種種書寫習慣（如橫畫向右上傾斜的弧線、線條的「擺動」……等）？似乎有些空間尚待探討。

西晉青釉雙座書寫瓷俑　　　湖南長沙瀏城橋楚墓出土的雕刻木几

（現藏於湖南省博物館）　　　（圖版來源：《楚國・楚人・楚文化》）

（二）典型用筆的運動形式

邱振中認為筆鋒運動形式是指筆毫錐體在書寫時所進行的各種運動，其中可分為空間形式與時間形式兩部分，在討論筆鋒運動的空間形式時，將筆法分解，歸納出三種基本運動：絞轉、提按、平動〔註16〕；而筆畫轉折時的運動也包含於其中。「平動」包括紙平面上兩個互相傳直方向的運動；「提按」相當於垂直於紙平面方向的運動；「絞轉」可以看做主要是繞垂直於紙平面方

市，藝術家出版社，2001 年 11 月），頁 84～86。

〔註16〕按：邱振中將轉筆分為兩種，一是筆鋒隨著筆畫的屈曲而進行的平動（曲線平動），如書寫鐵線篆時筆鋒的運行，另一為筆毫錐面在紙面上的旋轉運動，可稱為絞轉。前者轉筆運行時筆毫著紙的側面固定不變，後者轉筆運行時筆毫著紙的側面不停地轉換。邱振中：《書法藝術與鑑賞》（台北市，亞太圖書，1995 年），頁 31。

向的旋轉運動；至於其他兩個方面的旋轉運動，則包括在絞轉形成以前的「擺動」筆法中，由於絞轉筆法形成時已經將它們融合在一起，絞轉實際上包括了三個方向的旋轉運動。而上述平動、絞轉、提按已經把筆毫錐體所有可能的運動包括在內了〔註17〕。但其所描述多爲書寫於紙面上的情況，又「絞轉」的用筆方式較常見於行草書的書寫，此處所討論的竹、帛書與紙張本身即存在著載體大小、質地的差異，當下的書寫狀況亦有別，書於竹、帛的字體也較多數書於紙張的行草書來得小，於此，我們姑且暫用「使轉」一詞來說明筆鋒的使用除平動與提按外，稍微轉動的狀態。以下我們試著運用平動、提按、使轉等三種筆鋒使用的狀態，來檢視竹、帛書《周易》典型用筆的運筆方式。

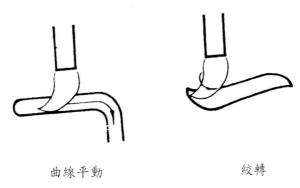

曲線平動　　　　　　　　　　絞轉

1、竹書－棒狀線與柳葉線

我們知道，「平動」是最基本的運動方式，「使轉」和「提按」則是爲線條帶來變化的運動。竹書中，因不同書手而有如《信陽楚簡》的典型「棒狀線」，也有符合多數楚簡用筆特色的「柳葉線」（福田哲之認爲，「柳葉線」筆畫構造在戰國中期與後期都佔著楚簡文字的中心位置，顯示以右迴旋爲基調的運筆乃是楚簡文字之主要樣式〔註18〕）。其中「棒狀線」多屬於平動（與曲線平動），而「柳葉線」則以平動與提按的複合運動爲主，有時也能看見筆畫使轉的變化（如下圖「九」字）；又有時出現「釘頭鼠尾」的筆畫，則爲短距離快速提按變化所造成。

〔註17〕邱振中：《書法藝術與鑑賞》（台北市，亞太圖書，1995年），頁53。
〔註18〕福田哲之著，佐藤將之、王琇雯合譯：《中國出土古文獻與戰國文字之研究》（台北市，萬卷樓，2005年11月），頁165。

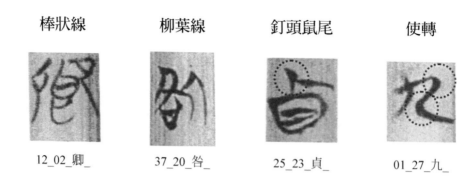

棒狀線	柳葉線	釘頭鼠尾	使轉
12_02_卿_	37_20_咎_	25_23_貞_	01_27_九_

2、帛書－板狀線與釘狀線

帛書中以「板狀線」最多見，其特徵為起筆用力頓入、而後筆直拉開，平板而且肥瘦差別少〔註19〕；「釘狀線」則是起筆時強力頓入，隨即提筆尖收，於本帛書有時可見；另外，「蠶頭雁尾」屬起收筆的形態，落筆時先回鋒，收筆時稍按重再朝右上提筆出鋒，或直接向右上提筆尖出，關乎筆毫錐面的使轉（起筆）、平動（行筆）、提按（收筆）的運動方式。帛書轉角常出現的折筆，是使線條軌跡出現折點，筆毫錐面由一側換至另一側，如筆毫側面變換時不伴有提按，則此折筆仍屬平動，帛書《周易》常出現此種折筆，有些為曲線平動（如篆書刻石的用筆）；而竹書《周易》在筆鋒的使轉時，多伴隨提按的變化）。

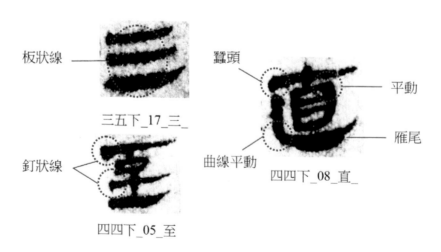

板狀線 ── 三五下_17_三_

釘狀線 ── 四四下_05_至

蠶頭 ── 平動 ── 雁尾 ── 曲線平動 ── 四四下_08_直_

〔註19〕福田哲之著，佐藤將之、王琇雯合譯：《中國出土古文獻與戰國文字之研究》（台北市，萬卷樓，2005 年 11 月），頁 165。

3、竹、帛書的書寫關係

漢簡中出現的波狀筆畫，可視爲是「擺動」筆法發展的必然結果（此處所言之「波狀筆畫」以橫畫表現最爲典型，然本帛書的橫畫也偶爾出現「波勢」，但還不算是常見的筆畫）。毛筆沿弧形軌跡擺動，即帶有旋轉成分，弧線的軌跡如下圖〔註20〕，此處帛書以橫畫示之。

而擺動的運筆形式常用於弧形線條，我們由此進一步觀察，竹書《周易》似乎可經由「擺動」的書寫動作與帛書《周易》連結起來（如左圖），於此我們看到了二者清晰的相似性。

08_24_子_

八五上_19_子_

左圖所示為大致的運動軌跡，虛線所示為下一次運動進行前恢復到預備為置的行進路線。

當手腕朝某一方旋轉後，總有回復原位置的趨勢，如果接著朝另一個方向旋轉，正符合手腕的生理構造，同時也只有這樣，才便於接續下一點畫的書寫，於是，運筆軌跡便由簡單弧線逐漸變為兩段方向相反而互相吻接的圓弧（參《書法藝術與鑑賞》頁58，註15）。下圖為帛書《周易》中，具有「波狀筆畫」字例：

八上_23_二_　　　二六上_25_兀_其　　　三六上_02_革_戒

〔註20〕邱振中：《書法藝術與鑑賞》（台北市，亞太圖書，1995年），頁58。

二、竹帛書《周易》的線、結構與空間

從上段我們了解竹、帛書《周易》常見的運筆方式後，再試著就其典型的線條表現，以及二者線條所創造的空間結構進行討論：

（一）弧線與直線

弧線是竹書典型的線條樣式，康丁斯基對於弧線有一段敘述；

> 如果兩個力同時對點發生作用，例如一個力不斷往前進，並同時給另一個力予壓力，就會產生弧線〔註21〕。

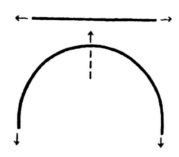

直線的張力和弧線

而關於「張力」：

> 「張力」是元素的內在力量，是「運動」的一部分而已。第二部分是「方向」，它也是由「運動」所確定〔註22〕。

康丁斯基以「張力」形容一種向外擴張的力量，一般可能以「運動」一詞表示，而使用「張力」與「方向」來細述「運動」表現的力量與形式，似乎又更為精確。雖然其所言多就繪畫而論，但亦通於書法，書畫的元素皆是運動產生的具體結果，我們試著檢視竹帛書《周易》的線條表現情況，確實能感受到弧線向外擴張的力量以及直線朝筆畫起始處延展的運動方向。

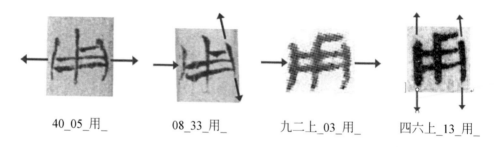

40_05_用_   08_33_用_   九二上_03_用_   四六上_13_用_

〔註21〕康丁斯基著，吳瑪悧譯：《點線面》（台北市，藝術家，2009年1月），頁67。
〔註22〕康丁斯基著，吳瑪悧譯：《點線面》（台北市，藝術家，2009年1月），頁47。

關於線條的性質，水平線穩定、均勻，垂直線嚴正，傾斜線具有明顯的方向感、運動感，幾何線富有緊張、彈性，徒手線活潑而富有動態變化〔註23〕；而單純以直線來看，兩條線段可以組成多種不同的結構（如下圖），而這些結構能給人帶來不同的感受：a. 平等、安靜、冷漠，b. 開放、舒展，c. 莊重、嚴肅，d. 尖銳，有揳入的趨勢，e. 方正，但不穩定，隨時可能改變〔註24〕。

其中帛書 c、e 類的線條組合偏多，而竹書則以 b、d 為多，開展與尖縮互相配合，組成較為活潑且變化豐富。

（二）空間表現

1、由點、線而塊面

書法由線條組成，而線條即為書寫運動的軌跡，文字形體的樣貌則來自此「軌跡」本身的空間組成，而不是「軌跡」所勾出的空間組成的。葉秀山先生認為，從這個意義來說，是漢字的「軌跡」又不是抽象的、純符號式的「線」，而本身也有「面」的意義在內：

> 世間本無抽象的「點」、「線」，「點」、「線」一定都有自己的空間，作「文字」符號觀，則仍應以現實本來面貌來把握它，書法的「線」本身就有「面」……。從藝術來看，書法可以看做是「軌跡」本身的「圖形」，而不是「軌跡」「畫」出來的圖形。「圖形」是空間的，「軌跡」是時間的，「軌跡」本身的「圖形」則是「時間」中的「空間」，是「空間感」融於「時間感」之中〔註25〕。

〔註23〕邱振中：《書法藝術與鑑賞》（台北市，亞太圖書，1995 年），頁 5～6。
〔註24〕邱振中：《書法藝術與鑑賞》（台北市，亞太圖書，1995 年），頁 6。
〔註25〕葉秀山：《書法美學引論》（北京，寶文堂書店，1987 年 6 月），頁 30～31。

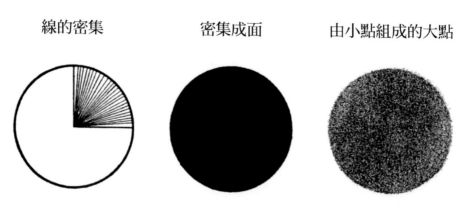

線的密集　　　　　密集成面　　　　由小點組成的大點

（可能由點而密集成面；也可能由面解散為點；線亦然。圖片來源：《點線面》）

康丁斯基認為線具有「形成面的力量」〔註26〕，因為當「線」在一定的範圍內，聚集得愈緊密，最後將形成一個「面」（如上圖）。這樣的情形於帛書中，似可見類似的現象，若拉高視點以「全景」範圍俯瞰，如一點一點小塊面般地散落於帛上（如第四章所製圖版示意），而以個別單字為標靶近距檢視，筆畫線條有時緊密得幾乎相連時，易依線條外輪廓產生局部塊面形狀（如下圖）。

四二上_19_q01_闋　　　　四三上_31_承_　　　　八五下_16_咎_

2、內外空間

文字的內、外部空間有字內、字間、行間等，一件生動的書法作品在字形的內外空間往往極富表現力，然其間變化當然以行、草較符合生動、活潑的空間表現（如徐渭等書家的草書作品）；由前述已知竹帛書的行間因載體、界欄因素，使得空間變化並不豐富，而字間也拉開一定的距離，連結的氣息並不緊密，但字內與字外圍的空間似乎有些變化，稍有可觀。

若我們將書法視為諸多線條對某個空間的分割，字形結構以外接圓與外接多邊形的方式嘗試聯結：

〔註26〕康丁斯基著，吳瑪悧譯：《點線面》（台北市，藝術家，2009 年 1 月），頁 50。

08_29_丞_承　　　　　　　　　　28_27_丞_承

由此可見得竹書中不同書手對字形掌握的穩定度與生動的變化程度，
【08_29_丞_承】－書手 A 多邊形凹凸角度差別大，所畫出外接圓則顯見線
條的疏密變化，整體而言較為活潑；【28_27_丞_承】－書手 D 無論從外接多
邊形或外接圓看，所分割的空間都相對穩定。

三、竹帛書《周易》書寫者的審美意識

前述竹書的棒狀線與柳葉線，帛書的板狀線與釘狀線，二者的線條表現
出鮮明特色，而其間書風的差異是出於何種心理狀態，往往是身為一觀賞者
容易感到好奇的，除了外在因素的影響，我們可能會試著遙想當時書寫的情
況，或經由臨摹、仿寫的過程試著揣摩書寫者當下的書寫情緒，這種期望「貼
近」的想法是在藝術學習的過程中常見的情況；書法每一點畫線條的質感、
內外空間的分割……等，如中國繪畫以筆寫情、以墨傳韻一般，都在在表述
著該位書寫者的審美理想，亦為該「時」、「地」、「人」審美意識的投影。

關於「人」、「時」、「地」的審美意識，李澤厚先生認為，古代雕塑中的
秀骨清相（北魏、北齊）與豐滿肥腴（唐、宋），展示著不同時代、階級對
美的不同理想〔註 27〕。而原始陶器和殷周銅器、《詩經》與《楚辭》；理論
上的儒家與道家（莊子），可說是中國現實主義與浪漫主義的最早標誌。漢
代，浪漫主義成為主流，體現上層統治階級審美理想的漢賦以其對貴族階級
現實生活的肯定，與下層人民對苦難現實的沉重吟詠（樂府詩），成了鮮明
的對比〔註 28〕。而從「時代」的某些特徵，往往可看出其特有的審美與形
式感：

> 看來應該是具有人類普遍性的形式感、形式美中，又仍然或多

〔註 27〕 李澤厚：〈審美意識與創作方法〉，《美學論集》（台北市，三民書局，2001 年
　　　　　8 月出版二刷），頁 386。
〔註 28〕 李澤厚：〈審美意識與創作方法〉，《美學論集》（台北市，三民書局，2001 年
　　　　　8 月出版二刷），頁 408～409。

或少、或自覺（如封建社會把色彩也分成貴賤等級）或不自覺（如不同民族對色彩的不同觀念，紅既可以是喜慶也可以是兇惡；白既可以是純真也可以是喪服）顯示出時代的、民族的以至階級的歧異或發展。各個不同時代不同民族的工藝品和建築物，便是一部歷史的見證書〔註29〕。

　　關於戰國時期楚國人的審美觀，除與當時社會巫風盛行〔註30〕的氛圍相雜外，我們也可從眾多出土物略窺一二。以楚國青銅器為例，於貴族墓中出土的束腰平底升鼎，器身內收形成輕靈的弧線，威武雄強中透露出聰慧機敏的神情。從其他器物如漆器、玉器、雕刻、繪畫等，展現了他們情感外露，富於抽象形式美態的風格（喜愛使用抽象性較高、裝飾性較強的幾何紋裝點漆器），是體現為「人神交融」方式的一種人與自然關係的生動藝術寫照。若以整體概略式地形容楚人的審美觀，則可謂「瑰麗流暢，獨具一格〔註31〕」；而此亦表現於器物上的文字裝飾，如《王子午鼎》及許多兵器，甚至出現「鳥蟲書」等裝飾性鮮明的「美術字」。由此或許可解釋楚系簡牘文字多以粗細變化豐富的「柳葉形」為線條表現，且文字姿態優美、多變，常有添加飾筆或裝飾符號的習慣。

〔註29〕李澤厚：〈審美與形式感〉，《美學論集》（台北市，三民書局，2001年8月出版二刷），頁729～735。

〔註30〕阮昌銳：〈楚人的宗教信仰〉，《故宮文物月刊》（台北市，故宮博物院，1983年10月第一卷第七期）。

〔註31〕袁建平：〈楚人的審美觀〉，熊傳薪主編《楚國・楚人・楚文化》（台北市，藝術家出版社，2001年11月），頁166～167。

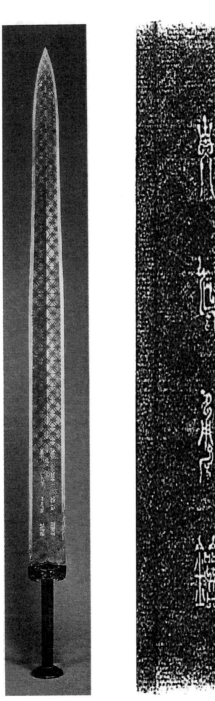

越王勾踐劍：春秋晚期越國鑄銘文，於湖北江陵望山楚墓出土，劍身佈滿
菱形花紋，銘文爲鳥蟲篆。圖片來源：《認識書法藝術》

左：虎座鳳鳥鼓架，木雕，以紅、黃、金三色繪虎斑紋與鳥羽紋。

右：龍形玉珮，龍身飾卷雲紋。

　　李澤厚認為，審美意識是人們反映現實、認識現實的一種方式。審美感受是感知（或表象）、想像、情感、思維（理解）幾種心理功能的複雜的動力綜合；在審美感受，理解（知性）沉澱為知覺，成為感性方面。審美理想則是從大量審美感受中提煉集中的產物；在審美理想，情感沉澱為理想，成為理性方面。它更鮮明地顯示著一定時代、階級的理性需求。而關於三者的聯結：

> 從審美意識角度看藝術創作，其核心正是有關審美理想的問
> 題……時代、民族、階級的審美理想通過審美感受才呈現出來〔註32〕。

邱振中也認為：

> 線條所表現出的速度感不僅關乎書寫時的疾緩狀態，也與當
> 下的運動方式有關。速度多取決於一定時代、一定作者的審美理
> 想〔註33〕。

　　而漢初的審美理想為何？從帛書《周易》的文字形象，幾乎可看見承自秦代（或上溯戰國時期的秦國）的種種「樣式」，可見漢代初期的審美理想應與秦差異不大。以《睡虎地秦簡》、《青川木牘》為例，字體演變至漢代，除

〔註32〕李澤厚：〈審美意識與創作方法〉，《美學論集》（台北市，三民書局，2001 年
　　　　8 月出版二刷），頁 386～387。
〔註33〕邱振中：《書法藝術與鑑賞》（台北市，亞太圖書，1995 年），頁 30。

延續板狀線筆畫的方折樣式外，成熟隸書的「蠶頭雁尾」特徵，以及向左右拉長的弧形筆畫（尾端上揚收筆與雁尾同），表現出更為鮮明的線條特色，而諸多字例明顯的「主筆」表現，不只是書寫者投入的審美意識，更顯出該時代字體漸趨規範化的現象。

四、竹帛書《周易》於文字演變的位置

　　關於帛書《周易》中仍保有一些楚文字特徵，我們知道馬王堆墓葬的下葬時間距離秦滅楚國已半個多世紀，儘管葬制、葬品等還保存有楚國文化的因素，但文字上的差距已大相逕庭，孫鶴認為原因在於：

> 其一，秦滅楚後秦文化的浸染和同化；其二，秦兼天下後在政治上明確強令推行「書同文」，……馬王堆帛書中書於秦末的《老子》甲本是秦簡牘書中的常見面貌：筆畫平直，波磔不顯，楚文字中繁縟妖嬈的裝飾性用筆已經不見了，而隨著這種字體的書寫和使用時間的推進，逐漸演化為一種較為成熟的隸字體：著意強調八分的背勢，強調捺畫的重按上挑，使秦簡牘書中原有的質樸的平直筆畫，也有了美化的趨勢，並逐漸固定化、規律化，由此形成代表隸書體的典型用筆——蠶頭雁尾〔註34〕。

其中所言字體經由日常書寫與時間推進而演化成較成熟的隸書，特舉出的字形筆畫特徵（固定化、規律化、蠶頭雁尾等），即為帛書《周易》所呈現的「漢隸」書風。

　　關於篆書演變為隸書時，筆法與結構的變化十分值得探討，邱振中認為，此時橫畫波折誇張化的原因若僅僅用「追求美觀」來解釋是無法令人信服的，認為不應忽視各種字體形式內部演化的某些必然規律所帶來的線索，提出「筆法運動的空間形式」是主要的也是主導的因素，進一步將筆法的「運動」作說明；字體的變化包括兩個方面：結構的變化與筆法的變化。實用的要求左右了字體結構的發展，而字體結構的發展又成為從形式內部推動筆法發展的重要原因。而字體變，筆法空間運動形式也變；字體變化停止，筆法空間運動形式的變化亦停止。例如隸書與絞轉、楷書與提按，便是一對對應運而生的孿生子〔註35〕。所以字體結構與筆法的空間運動形式一直處於這種

〔註34〕孫鶴：《秦簡牘書法研究》（北京，北京大學出版社，2009年7月），頁84。
〔註35〕邱振中：《書法藝術與鑑賞》（台北市，亞太圖書，1995年），頁50～52。

相互依存的關係中。

　　竹書《周易》屬戰國時期的楚簡文字，而漢初的帛書《周易》可上溯至戰國時期的秦國，而關於楚簡文字與秦簡文字之差異，我們以「書寫」的角度來觀察「時代」中字體演進的特徵。江村治樹在〈戰國‧秦漢簡牘文字の變遷〉(《東方學報》第五十三冊，1981 年) 中指出，楚簡文字幾乎都是露鋒，以圓轉爲主體；相對地，秦簡文字則是藏鋒，以方折爲主體。還進一步推測秦簡文字方折畫之時期爲戰國後期，並指出秦漢文字之連續性，因而提出簡牘文字變遷過程中「戰國與秦漢斷裂」的構圖〔註36〕。於是，若從《青川木牘》的年代推定，秦國簡牘文字方折化的時期最遲可能要回溯至戰國中期以前。福田哲之則認爲，「柳葉線」筆畫構造在戰國中期與後期都佔著楚簡文字的中心位置。而右邊上揚的橫畫、向下方捲入的收筆、向左傾斜的文字結構，這樣的特徵雖有程度上之差別，卻可以認定幾乎是全部楚簡的共同特色，顯示以右迴旋爲基調的運筆乃是楚簡文字之主要樣式〔註37〕。從已出土的戰國秦漢簡牘墨書文字，可知竹書《周易》爲戰國中晚期楚地的典型書風；而帛書《周易》所處的字體演變位置爲上承秦簡文字 (秦篆、秦隸)，下啓標準漢隸，具有「承先啓後」的重要地位。

〔註36〕福田哲之著，佐藤將之、王琇雯合譯：《中國出土古文獻與戰國文字之研究》
　　　　(台北市，萬卷樓，2005 年 11 月)，頁 165。
〔註37〕福田哲之著，佐藤將之、王琇雯合譯：《中國出土古文獻與戰國文字之研究》
　　　　(台北市，萬卷樓，2005 年 11 月)，頁 165。

第六章　結　論

第一節　竹帛書《周易》之藝術特色與價值

一、竹帛書《周易》的書法特色比較

（一）典型線條特徵

竹書的典型用筆爲「棒狀線」－書手 D，與「柳葉線」－書手 A、C（書手 B 似介於二者之間），以右迴旋爲基調的柳葉線爲楚簡文字最爲常見的主要線條樣式。至於線條的運筆方式，棒狀線以平動爲主，提按少許，柳葉線同時具備平動和提按，線條粗細、曲度等變化皆較大，筆鋒的使轉也常伴隨著豐富的提按動作。帛書則以「板狀線」最多見，爲與秦簡相承的典型用筆，而「釘狀線」有時出現，類似「釘頭鼠尾」的線條特徵，於竹帛二書均有出現，此爲筆畫在短距離中迅速提按造成的，是快速書寫下普遍且正常的用筆現象；此外，帛書「蠶頭雁尾」的起收筆形態十分常見，且有時一字中還出現兩次以上的上揚雁尾。

（二）線條弧度與主筆表現

線條弧度的表現上，竹書屬圓曲線，常使字形有向外擴張的感覺，帛書則多爲平直線條，視覺上較爲平穩。

帛書彰顯主筆爲其十分鮮明的字形特色，多半以筆畫的加粗或拉長爲表現，豐富了字形本身姿態與文字內外空間的變化；竹書則依文字結體的不同

偶爾出現拉長的主筆，但提按變化與對全字形態的影響而言，遠不及帛書主筆的誇飾表現。

（三）線條交接方式

線條轉折處，竹書多圓轉，帛書雖也偶爾可見圓曲的轉折，但方折才是最常見也最主要的；至於線條交接處的虛實，竹書多虛接（或完全未相接），帛書則幾乎全然實接；如此的書寫習慣或許為個別書風，但也可能擴大影響到秦系文字與楚系文字相較時，秦系文字在形體上相對穩定的情況。

（四）字形結體與章法布局

字形結體與線條弧度關係密切，竹書屬圓曲線，多內包式圓弧結體，有向外擴張的視覺趨勢；帛書則為平直線，多為平直式方正結體，視覺上較為方整、平穩。竹書圓弧狀的結體與帛書方塊狀的字形也造成通篇不同的視覺感受，竹書的字形疏密有致、部件錯落變化較豐富，帛書明顯趨於固定化、規範化，但字形也相對地較為緊湊、穩定。全篇佈局上則因載體有直條狀與塊面狀的差別。

二、書手判定的難點

現階段已分出的四位書手中，單獨分出書手 C（簡 26）是一令人猶豫再三的決定，雖與書手 A 的簡 27 接續，乍看之下書風也與書手 A 相類，如強烈的提按變化（柳葉形線條）、顯露的筆鋒等，但由於其用筆的特殊提按（多數筆畫明顯由細而粗的強烈提按）與若干字形的寫法，皆異於書手 A 的書寫習慣，於是暫將之單獨分列為不同書手。

竹書《周易》的書手判定是研究一開始便面臨的困難，研究之初，本將竹書《周易》分出五位書手，書手 A 八簡（簡 01、簡 05、簡 08、簡 24、簡 25、簡 27、簡 37、簡 49）中的簡 01、08、27 三簡原本與其他五簡歸為兩位書手，但在單字資料庫中個別觀察同一單字時，已漸產生困惑，到了開始進行分析的階段，從筆畫的起始、行筆的提按過程、字形的書寫習慣等，後決定將八簡歸為同一位書者，也在過程中明白書手判定的困難，並非少數一、二字的疑點所能確判，如「五」字中間筆畫的交叉方式，書手A的簡 25 與簡 49 寫法與其他簡不同，不禁令人懷疑是否為不同寫手所書，但同簡的其他字例卻可能同時顯示出同一書手的可能性，表示書手在抄寫的過程，

不僅受自身書寫習慣的影響，有時往往也會因為其他因素而造成文字形體或寫法上的不同（如底本的文字內容、書寫習慣等）。所以，在書手判定的挫折過程中，讓人學習到精微觀察的重要，判定書手時除從書風、習慣的用筆與字形下手，還需考慮到更多外在的相關問題，有時甚至必須去料想當時的書寫情況，如同判定書畫的真偽一般，尤其在參考樣本不多的情況下，更是困難重重。

三、載體對書法的影響

（一）書寫範圍

1、竹簡的限制作用

竹簡的空間形式，在書寫上容易產生一定的限制：（1）字形寬度約被限制在 1 公分左右，無法擴大；（2）由於載體為長條狀，所以書寫必以行為單位，由上而下書寫；（3）竹簡長度有限，礙於必須使版面看來工整於是拉長字距，又期望一簡能寫多字，使有些字體呈橫向取勢（此現象於本竹書中的書手 D 較明顯）。

2、單字張力表現

細長條狀的竹簡文字常因碰觸邊界而停止的線條，容易在視覺上形成「邊界張力」，多表現於有橫畫或朝左右開張、停止於邊界的筆畫。

（二）線條墨韻

竹簡書寫前經多道作業處理，使簡身細緻光滑，即使筆畫互相貼近，也能清楚分別線條，不會如帛書因線條較粗或墨的漲暈產生模糊不清的線條；而由實驗可知未經細磨的竹簡可能與帛書同樣產生漲暈的效果。

（三）章法布局

竹書的字距以書手 D 最為均勻，其他書手均有各有不規則的長短變化；帛書全篇的字距變化也沒有一定規律，但常因主筆的彰顯而產生字形線條旁的布白變化。相較於竹書受直條載體的限制，行軸線與字外輪廓的開闔較小，帛書的行軸線則不時有稍微擺動的現象，開闔也較明顯些，橫向行氣的變化也較活潑。

第二節　對字體演變脈絡的重新認識

一、簡帛文字為字體演變的母體

從文字教育的功能性與標準性來看，古代書於簡帛的識字書即可說明簡帛文字的正統性，而從出土竹簡的內容，也清楚證明了戰國到秦代的官方文書亦書寫於竹簡之上，所以手寫於簡帛的墨書文字才是古代文字發展與書法發展的母體，此種文字具有字形大小長短不一、線條有粗細變化、橫畫有斜度、點畫未必對稱等自然的書寫特徵，至於鑄於金石極富裝飾、美化的文字，及以往所謂秦代橫平豎直、左右對稱的「標準小篆」都為當時代的「美術字」並不常用於日常生活中，所以我們不應將之視為字體演變發展的核心。

戰國秦漢文字篆隸一體傳承論簡示：（參林進忠〈楚系簡帛墨跡文字的書法探析〉）

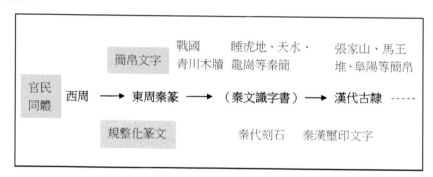

楚文字一體傳承論簡示：（參林進忠〈楚系簡帛墨跡文字的書法探析〉）

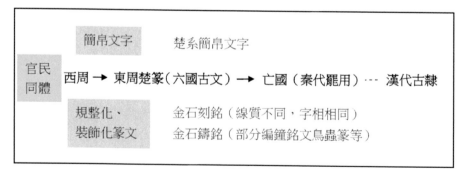

二、戰國楚系與漢初秦系文字之承襲與遞變關係

馬王堆帛書中篆意較濃的書風（如《老子》甲本、《戰國縱橫家書》、《五

十二病方》等），可視爲承襲《青川木牘》、《睡虎地秦簡》等「秦篆」之後，古隸發展的重要環節，而較爲接近漢隸的一類（如《老子》乙本、《五占星》、《周易》）則已顯示出諸多成熟漢隸的特徵，而馬王堆帛書的字體與書風，證明了秦系文字在字體演變上的承襲與遞變，使我們了解馬王堆帛書在文字隸變過程佔有十分重要的位置。字體的演變無法明顯切割，對於戰國時期與秦文字同出於籀文的楚系文字（六國古文）亦是如此，當然，在政治因素的強力介入下，楚文字對漢代簡牘帛書的影響的確遠不如秦文字，但由於帛書《周易》出土於舊楚地，所以仍能從文字的使用上看出楚文字之遺緒，只是字體演變至漢文帝之時，已清晰地顯示出楚文字對漢隸在書法上的影響漸漸減弱。從已出土的戰國秦漢簡牘墨書文字，可知竹書《周易》爲戰國中晚期楚地的典型書風；而帛書《周易》所處的字體演變位置爲上承秦簡文字（秦篆、秦隸），下啓標準漢隸，具有「承先啓後」的重要地位。

三、書寫對字體演變的影響

　　由簡帛文字的出土可知，日常生活中的書寫絕對是字體演變的重要因素。往往因諸多的省併、增繁等現象，或有程度上的多寡，但皆容易造成文字的訛變、草化等字體演變的情況，字形也可能因爲部件位置不同，而產生不同的演進。當然有時也不免是傳抄過程中所產生的訛誤，但無論如何都是由於「書寫」的過程，使得不管在線條的用筆或文字本身的形體架構，皆可能產生變化。

第三節　對書法創作的啓發

一、戰國文字的運用與篆、隸書寫表現的改造

　　從戰國中晚期至漢代初期的竹、帛書《周易》，觀察主題本身並擴及周邊同時代或上下時代的字體演變，以及相同地域或不同地區的書法特色，對戰國古文字的認識稍有增長，雖在短期內要全面且深入的了解並非易事，但擷取其變化豐富的書法特徵，作少部分的古文字應用，定能爲往後的書法創作注入不同的養分。而對於篆、隸的重新認識更是一大收穫，明白書寫篆書時不一定僅能表現橫平豎直、穠纖合度、粗細單一的均勻線條，與空間對稱、

整齊劃一的字形結構，更能寫出富有線條粗細、字形長短寬扁不一、饒富自然跳動意味的書法作品，筆者試以戰國文字創作，作品如下：

〈李白洛城聞笛詩〉　　　　　　　〈姜白石湖上寓居雜詠〉

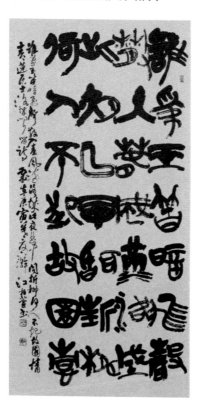

戰國文字八屏－〈李白古風五十九首之一〉

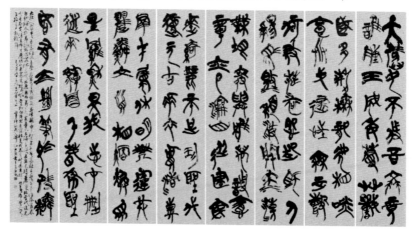

第四屏局部　　　　　　　　第三屏局部

二、書寫過程與表現形式

　　從篆隸的簡帛文字中，看來平靜、和緩的書寫過程，仔細審視卻能發現其於極小、極狹窄的書寫範圍裏豐富的線條變化，涵蓋了水平移動、上下提按、筆鋒使轉等書寫方式，進行載體分析的過程中，為了更貼近地感受書寫材質的變化，曾試寫竹簡、絹帛等不同的書寫材料，從中著實地體會到書寫的難度，尤其遙想當時書者於一公分左右的載體上，左手持簡、右手持筆「揮運之時」的情景，無處不是「真功夫」的展現。

　　經由此次「竹帛書《周易》書法比較研究」，學習如何從書法藝術角度切入分析文字的書寫特徵，從中習獲許多研究的方法與分析的方式，也了解字體演變的相關知識、多變的書風特色等，然除明白自身在書法藝術創作上仍須不斷精進外，也瞭解了學術研究的高深與博大，曾見書中談及古文字學得

從《說文》入門，學習與研究戰國文字前，熟習《說文》所載之古文與籀文的必要性，雖深感慚愧，但尋得一個往後作學問的方向，也算是一件令人稍感欣慰的事了。

竹簡試作－杜甫詩一首

參考書目

（一）專　書

1. 康丁斯基著、吳瑪悧譯：《點線面》，臺北，藝術家出版社，1985 年 9 月。
2. 葉秀山：《書法美學引論》，北京，寶文堂書店，1987 年 6 月。
3. 黃壽祺、張善文編：《周易研究論文集》，北京，北京師範大學出版社，1987 年 9 月。
4. 何琳儀：《戰國文字通論》，北京，中華書局，1989 年 4 月。
5. 文崇一：《楚文化研究》，臺北，東大圖書公司，1990 年 4 月。
6. 譚興萍：《中國書法用筆與篆隸研究》，臺北，文史哲出版社，1991 年 8 月。
7. 李學勤：《東周與秦代文民》，北京，文物出版社，1991 年 11 月。
8. 張立文：《白話帛書周易》，河南，中州古籍出版社，1994 年 5 月。
9. 陳振濂主編：《書法學》，臺北，建宏出版社，1994 年。
10. 邱振中：《書法藝術與鑑賞》，臺北，亞太圖書，1995 年。
11. 裘錫圭：《文字學概要》，臺北，萬卷樓圖書有限公司，1995 年 4 月。
12. 高明：《中國古文字學通論》，北京，北京大學出版社，1996 年 6 月。
13. 徐利明：《中國書法風格史》，南京，河南美術出版社，1997 年。
14. 邢文：《帛書周易研究》，北京，人民出版社，1997 年。
15. 林進忠：《認識書法藝術①篆書》，臺北，國立臺灣藝術教育館，1997 年 4 月。
16. 林進忠：《認識書法藝術②隸書》，臺北，國立臺灣藝術教育館，1997 年 4 月。
17. 王貴元：《馬王堆帛書漢字構形系統研究》，南寧，廣西教育出版社，1999

年 8 月。

18. 趙建偉：《出土簡帛周易疏証》，臺北，萬卷樓圖書有限公司，2000 年 1
月。

19. 李澤厚：《美學論集》，臺北，三民書局，2001 年 8 月。

20. 李學勤：《簡帛佚籍與學術史》，南昌，江西教育出版社，2001 年 9 月。

21. 歐陽中石等：《書法天地》，臺北，臺灣商務印書館，2001 年 10 月。

22. 蔡靖泉：《楚文化流變史》，湖北，湖北人民出版社，2001 年 10 月。

23. 熊傳薪：《楚國、楚人、楚文化》，臺北，臺北藝術家出版社，2001 年 11
月。

24. 叢文俊：《中國書法史先秦卷》，南京，江蘇教育出版社，2002 年。

25. 鄭球柏：《帛書周易校釋》，湖南，湖南人民出版社，2002 年 6 月。

26. 張顯成主編：《簡帛語言文字研究》，成都，巴蜀書社，2002 年 11 月。

27. 馬今洪：《簡帛發現與研究》，上海，上海書店出版社，2002 年 12 月。

28. 丁四新主編：《楚地出土簡帛文獻思想研究》（一），湖北，湖北教育出版
社，2002 年 12 月。

29. 何琳儀：《戰國文字通論訂補》，南京，江蘇教育出版社，2003 年 1 月。

30. 李均明：《古代簡牘》，北京，文物出版社，2003 年 4 月。

31. 沈頌金：《二十世紀簡帛學研究》，北京，學苑出版社，2003 年 8 月。

32. 西林昭一：《中國新發現的書蹟》，上海，上海書店出版社，2003 年 10
月。

33. 錢存訓：《書于竹帛：中國古代的文字紀錄》，上海，上海書店出版社，
2004 年 1 月。

34. 李零：《簡帛古書與藝術源流》，北京，三聯書店，2004 年 4 月。

35. 李學勤：《簡帛佚書與學術源流》，江西，江西教育出版社，2004 年 5 月。

36. 何介鈞：《馬王堆漢墓》，北京，文物出版社，2004 年 9 月。

37. 張顯成：《簡帛文獻學通論》，北京，中華書局，2004 年 10 月。

38. 劉國忠：《古代帛書》，北京，文物出版社，2004 年 12 月。

39. 趙超：《簡牘帛書發現與研究》，福建，福建人民出版社，2005 年 6 月。

40. 邱振中：《書寫與觀照—關於書法的創作、陳述與批評》，北京，中國人
民大學出版社，2005 年 6 月。

41. 劉大鈞：《今、帛、竹書《周易》綜考》，上海，上海古籍出版社，2005
年 8 月。

42. 王寧、趙學清：《東方戰國五國文字構形系統研究》，上海，上海教育出
版社，2005 年 10 月。

43. 福田哲之著；佐藤將之、王綉雯合譯：《中國出土古文獻與戰國文字之研究》，臺北，萬卷樓圖書有限公司，2005 年 11 月。

44. 張曉明：《春秋戰國金文字體演變研究》，濟南，齊魯書社，2006 年 11 月。

45. 濮茅左：《楚竹書周易研究》，上海，上海古籍出版社，2006 年 11 月。

46. 葉秀山：《說寫字:葉秀山論書法》，北京，中國人民大學出版社，2007 年 3 月。

47. 劉大鈞主編：《簡帛考論》，上海，上海古籍出版社，2007 年 5 月。

48. 王化平：《帛書《易傳》研究》，四川，巴蜀書社，2007 年 11 月。

49. 張立文：《帛書周易注譯》，鄭州，中州古籍出版社，2008 年 1 月。

50. 黃文杰：《秦至漢初簡帛文字研究》，北京，商務印書館，2008 年 2 月。

51. 羅樹寶：《圖說漢字書法五千年》，湖南，嶽麓書社，2008 年 7 月。

52. 洪颺：《古文字考釋通假關係研究》，福州，福建人民出版社，2008 年 9 月。

53. 黃惇：《秦漢魏晉南北朝書法史》，南京，江蘇美術出版社，2008 年 12 月。

54. 徐利明：《中國書法風格史》，鄭州，河南美術出版社，2009 年 1 月。

55. 中國書法院主編：《簡帛書法研究》，北京，榮寶齋出版社，2009 年 4 月。

56. 沃興華：《書法技法新論》，長沙，湖南美術出版社，2009 年 8 月。

57. 孫鶴：《秦簡牘書研究》，北京，北京大學出版社，2009 年 7 月。

58. 吳慧平：《書法文化地理研究》，北京，榮寶齋出版社，2009 年 9 月。

59. 鄭吉雄主編：《周易經傳文獻新詮》，臺北，臺大出版中心，2010 年 1 月。

60. 蕭毅：《楚簡文字研究》，武漢，武漢大學出版社，2010 年 10 月。

61. 王曉光：《秦簡牘書法研究》，北京，榮寶齋出版社，2010 年 11 月。

62. 丁四新：《楚竹書與漢帛書周易校注》，上海，上海古籍出版社，2011 年 4 月。

63. 廖名春、張岩、張德良著：《寫在簡帛上的文明:長江流域的簡牘和帛書》，杭州，浙江大學出版社，2011 年 4 月。

64. 高亨著、王大慶整理：《高亨周易九講》，北京，中華書局，2011 年 6 月。

65. 朱志榮：《康德美學思想研究》，臺北，秀威資訊科技，2011 年 8 月。

（二）期刊及單篇論文

1. 林進忠：〈傳李斯刻石文字非秦篆書法實相—戰國秦漢篆隸書法演變的考察〉《藝術學》研究年報第四期，臺北，藝術家出版社，1990 年 3 月。

2. 林進忠:〈戰國時代中國出土文字的書法研究〉,《國立臺灣藝術學院藝術學報》,1998 年 6 月 62 期。

3. 蔡崇名:〈郭店楚墓竹簡之書法藝術與價值〉,《1998 年書法論文選輯》,臺北,蕙風堂筆墨有限公司,1999 年 3 月。

4. 杜忠誥,〈從睡虎地秦簡看八分〉,《出土文物與書法學術討論會論文集》,臺北,中華書道學會,1999 年 4 月修訂再版。

5. 李學勤:〈簡帛書籍的發現及其影響〉,《文物》,北京,文物出版社,1999 年第十期。

6. 林進忠:〈楚系簡帛墨跡文字的書法探析〉,《海峽兩岸楚文化學術研討會論文集》,臺北,國立歷史博物館,2002 年 1 月 18~19 日。

7. 周鳳五:〈楚簡文字的書法意義〉,《古文字與商周文明—第三屆國際漢學會議論文集文字學組》,臺北,中央研究院歷史與文研究所,2002 年 6 月。

8. 張桂光:《古文字論集》,北京,中華書局,2004 年 10 月。

9. 裘錫圭:《中國出土古文獻十講》,上海,復旦大學出版社,2004 年 12 月。

10. 楚文化研究會編:《楚文化研究論集》(第六集),湖北,湖北教育出版社,2005 年 6 月。

11. 曾憲通:〈戰國楚地簡帛文字書法淺析〉,《長沙三國吳簡暨百年來簡帛發現與研究國際學術研討會論文集》,北京,中華書局,2005 年 12 月。

12. 陳松長:《簡帛研究文稿》,北京,綫裝書局,2008 年 7 月。

13. 中國書法院主編:《簡帛書法研究》,北京,榮寶齋出版社,2009 年 4 月。

(三) 碩博士論文

1. 許學仁:《先秦楚文字研究》,臺北,臺灣師範大學碩士論文,1979 年。

2. 蘇琇敏:《漢簡叢說》,臺北,臺灣大學碩士論文,1979 年。

3. 林素清:《戰國文字研究》,臺北,臺灣大學博士論文,1984 年。

4. 徐富昌:《漢簡文字研究》,臺北,政治大學碩士論文,1984 年。

5. 許學仁:《戰國文字分域與斷代研究》,臺北,臺灣師範大學博士論文,1986 年。

6. 謝宗炯:《秦書隸變研究》,臺南,成功大學碩士論文,1989 年。

7. 陳月秋:《楚系文字研究》,臺中,東海大學碩士論文,1992 年。

8. 洪燕梅:《睡虎地秦簡文字研究》,臺北,政治大學碩士論文,1993 年。

9. 黃靜吟:《秦簡隸變研究》,嘉義,中正大學碩士論文,1993 年。

10. 謝映蘋:《曾侯乙墓鐘銘與竹簡文字研究》,高雄,中山大學碩士論文,1994 年。

11. 李淑萍：《漢字篆隸演變研究》，桃園，中央大學碩士論文，1995 年。

12. 陳昭容：《秦系文字研究》，臺中，東海大學博士論文，1996 年。

13. 鄭惠美：《漢簡文字的書法研究》，臺北，中國文化大學碩士論文，1996 年。

14. 陳茂仁：《楚帛書研究》，嘉義，中正大學碩士論文，1996 年。

15. 王仲翊：《包山楚簡文字研究》，高雄，中山大學碩士論文，1996 年。

16. 蕭世瓊：《馬王堆帛書文字研究》，臺北，臺灣師範大學碩士論文，1997 年。

17. 林清源：《楚國文字構形與演變研究》，臺中，東海大學博士論文，1999 年。

18. 中華書道編輯委員會編輯：《出土文物與書法學術研討會論文集》，臺北，中華書道學會，1999 年。

19. 杜忠誥：《說文篆文訛形釋例》，臺北，文史哲出版社，2002 年 7 月。

20. 陳麗紅：《尹灣漢墓簡牘文字及書法研究》，高雄，高雄師範大學博士論文，2003 年。

21. 上海大學古代文明研究中心，清華大學思想文化研究所編：《上博館藏戰國楚竹書研究續編》，上海，上海書店出版社，2004 年 7 月。

22. 莊姿音：《郭店楚簡老子甲書法研究》，臺北，臺灣師範大學碩士論文，2005 年。

23. 謝榮恩：《包山楚簡書法藝術風格探析》，臺北，臺灣藝術大學碩士論文，2005 年。

24. 吳雲燕：《馬王堆漢墓帛書通用字研究》，上海，華東師範大學碩士論文，2006 年。

25. 楊旭堂，梁廷杰，潘淑敏編輯：《文字與書法學術研討會論文集》，臺北，中華書道學會，2006 年。

26. 鄭禮勳：《楚帛書文字研究》，嘉義，中正大學碩士論文，2007 年。

27. 許榕：《上博楚簡書法藝術研究──《孔子詩論》與《緇衣》之比較爲例》，臺北，臺灣藝術大學碩士論文，2007 年。

28. 蘇英田：《商周秦漢篆隸書法風格之演變》，臺北，中國文化大學碩士論文，2008 年。

29. 中華書道學會：《「百年出土書蹟」國際學術研討會論文集》，臺北，鄒多悅，2008 年 11 月。

30. 王忠仁：《帛書《戰國縱橫家書》之書法研究》，臺北，臺灣藝術大學碩士論文，2009 年。

31. 李憲專：《馬王堆帛書醫書卷書法研究》，臺北，明道大學碩士論文，2010 年 6 月。

（四）圖　版

1. 陳松長：《馬王堆漢墓文物》，湖南，湖南出版社，1992 年。
2. 陳松長：《馬王堆帛書藝術》，上海，上海書店出版社，1996 年 12 月。
3. 林進忠：《認識書法藝術①篆書》，臺北，國立臺灣藝術教育館，1997 年 4 月。
4. 荊門市博物館編：《郭店楚墓竹簡》，北京，文物出版社，1998 年 5 月。
5. 陳松長：《香港中文大學文物館藏簡牘》，香港，香港中文大學文物館出版，2001 年 3 月。
6. 馬承源主編：《上海博物館藏戰國楚竹書》（一）～（七），上海，上海古籍出版社，2001 年 11 月～2008 年 11 月。
7. 睡虎地秦墓竹簡整理小組：《睡虎地秦墓竹簡》，北京，文物出版社，2001 年 12 月。

（五）工具書

1. 郭若愚編著：《戰國楚簡文字編》，上海，上海書畫出版社，1992 年 1 月。
2. 許慎撰，段玉裁注：《說文解字注》，臺北，洪葉文化，1998 年 10 月。
3. 陳松長編著：《馬王堆簡帛文字編》，北京，文物出版社，2001 年 6 月。
4. 湯餘惠著：《戰國文字編》，福建，福建人民出版社，2001 年 12 月。
5. 李守奎編著：《楚文字編》，上海，華東師範大學出版社，2003 年 12 月。
6. 何琳儀：《戰國古文字典》，北京，中華書局，2004 年 9 月。
7. 季旭昇主編；陳惠玲、連德榮、李綉玲合撰：《上海博物館藏戰國楚竹書（三）讀本》，臺北，萬卷樓，2005 年 10 月。
8. 白於藍編著：《簡牘帛書通假字字典》，福州，福建人民出版社，2008 年 1 月。
9. 赤井清美編：《篆隸大字典》，日本，二玄社，2008 年 4 月。
10. 滕壬生：《楚系簡帛文字編》（增訂本），湖北，湖北教育出版社，2008 年 10 月。

附圖與附表

圖一 〈陰陽五行〉甲篇（局部）

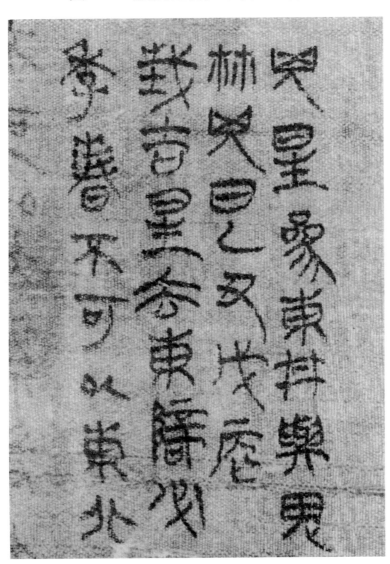

圖二　〈五十二病方〉（局部）

圖三　〈養生方〉（局部）

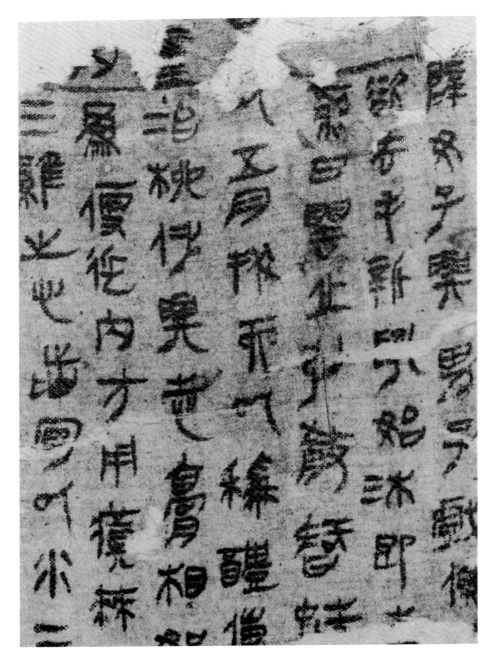

圖四　〈老子〉甲本（局部）

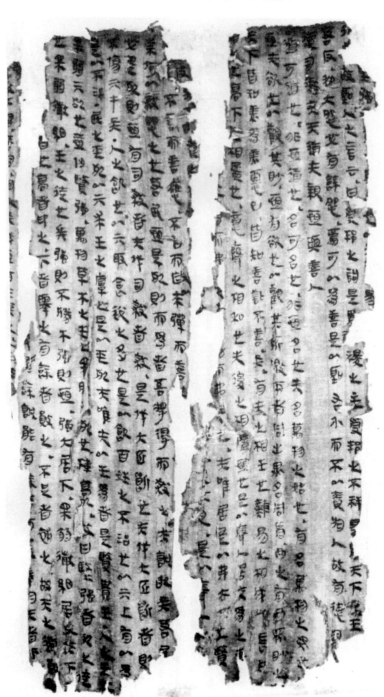

圖五　〈春秋事語〉（局部）

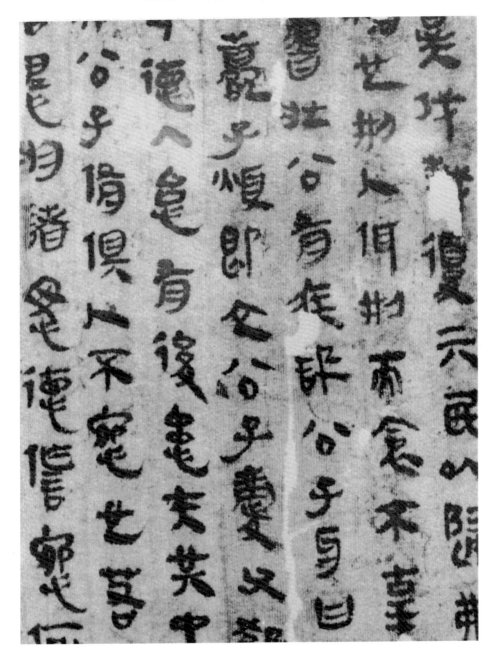

圖六　〈戰國縱橫家書〉（局部）

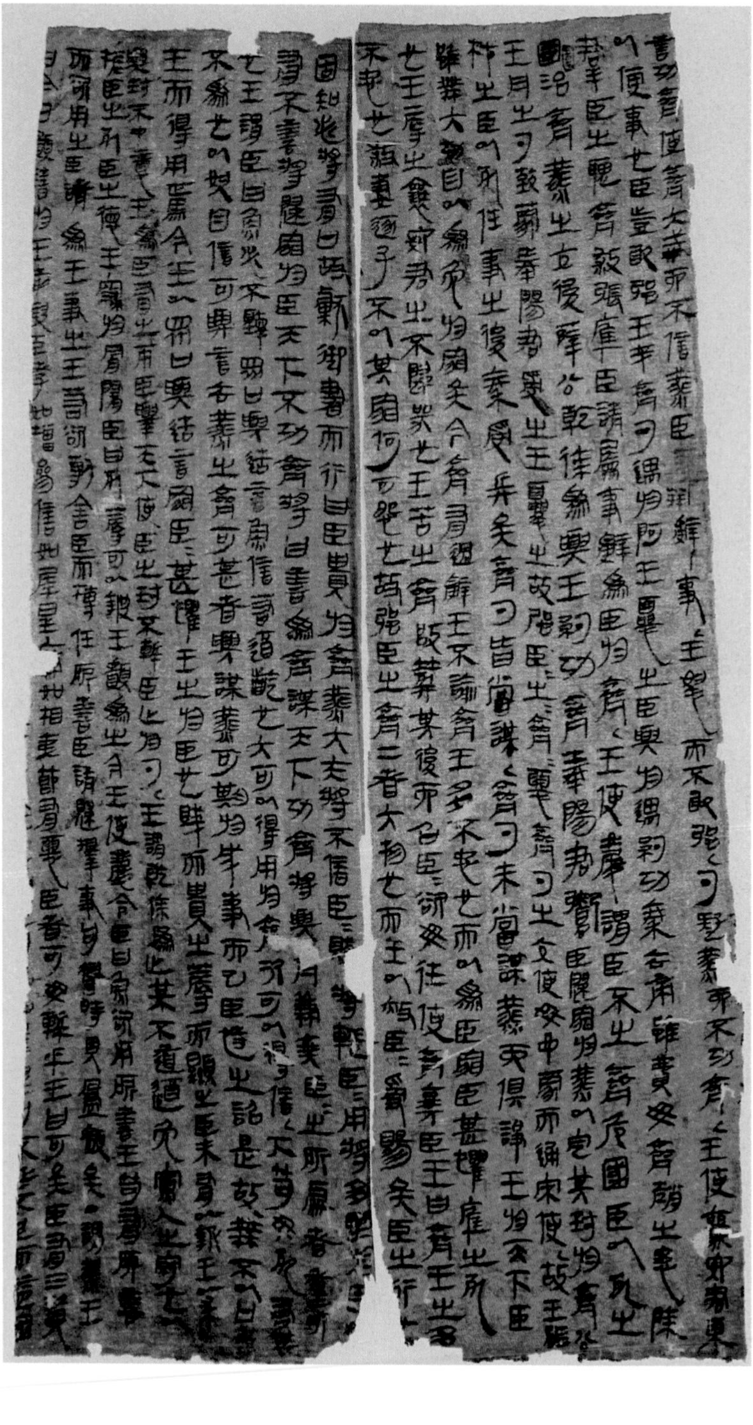

圖七 〈老子〉乙本（局部）

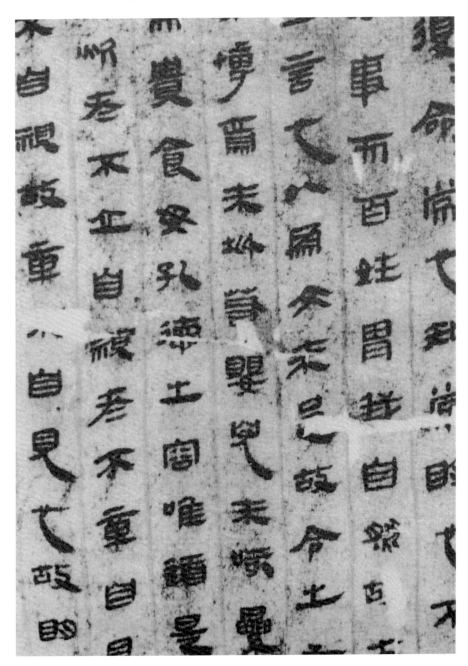

圖八　〈相馬經〉（局部）

【附表】今、帛、竹書《周易》三十四卦異文對照表

本表引自劉大鈞《今、帛、竹書《周易》綜考》一書之【附錄一】－「今、帛、竹書《周易》六十四卦異文對照表」，但此僅取竹書與帛書《周易》重疊之三十四卦，列出三十四卦中相異的用字，便於分辨其通假字、異體字、古今字、訛誤字等，而除了這些異文外，其餘為相同的文字，則便於取出作字形對照分析。

卦名	蒙卦	初六	九二	六三	六四	六五	六九
今本	告，三，瀆，則	發，以，吝	包，納	有躬，无攸	蒙，吝	童蒙	擊蒙，禦寇
帛本	吉，參擅，即	廢，已，闇	枹，入	有竆，无攸	蒙，闇	童蒙	擊蒙，所寇
竹本	此爻殘缺	此爻殘缺	此爻殘缺	又躬，亡卣	尨，吝	僅尨	殻尨，迎寇

卦名	需卦	初九	九二	九三	六四	九五	上六
今本	需，有孚，亨	需，郊，極，无	需，沙，小有，終	需，泥，致寇	需	九，需	人，不速之客
帛本	襦，有復，亨	襦，茭，恒，无	襦，沙，少有，終	襦，泥，致寇	襦	六，襦	人，不楚客
竹本	孤，又孚，卿	孤，蒿，厸，亡	孤，壌，少，又多	孤，坭，至寇	孤	此爻殘缺	此爻殘缺

卦名	訟卦	初六	九二	六三	九四	九五	上九
今本	有孚，窒惕，中，終凶	永所，小有，終	歸而逋，其，百，无眚	食，德，厲，終吉，无	復，渝		錫之，鞶帶，終，褫
帛本	有復洫寧，克，冬兇	永所，小有，冬	歸而逋，亓，百，无省	食，德，厲，（缺終吉），无	復，俞		賜之，服帶，終，挽
竹本	又孚，愯息，中，冬凶	出迎，少又，冬	遻肤，丌，四，亡禖	飤，悳，礪，多吉，亡	逻，愈		賜，繡繡，冬，襄

卦名	師卦	初六	九二	六三	六四	六五	上六
今本	師，无	師，律，否臧函	在中，无，錫	師，輿尸，函	師，次，无	田有禽，執，无，帥師，輿尸	大君，有，開國承家，小人
帛本	師，无	師，律，不臧凶	在師中，无，湯	師，與，尿，兇	師，次，无	田有禽，執，无，衛師，輿尿	大人君，有，啓國承家，小人
竹本	帀，亡	帀，聿，不脂	才帀审，亡，賜	帀，墾殡，凶	帀，宑，亡	敗又禽，埶，亡，銜帀，墾殡	大君子，又，啓邦丞豪，尖

卦名	比卦	初六	六二	六三	六四	九五	上六
今本	原筮，永，无，寧，來，後，凶	有孚，无，盈，終來有它	貞	罪	比，貞吉	用三驅，失前禽，誡	无，凶
帛本	原筮，永，无，寧，來，後，凶	有復，无，盈，多來或池	貞	非	比，貞吉	用三驅，失前禽，戒	无，兇
竹本	备簪，羕，亡，盗，遬，遬，凶	又孚，亡，海，多遬又它	（缺貞字）	非	敗，亡不利	（缺用字）晶驅，遬前禽，戒	亡，凶

卦名	大有	初九	九二	九三	九四	六五	上九
今本		害，罪，艱	大	亨	其，无咎	厥孚交如威如，吉	祐，无
帛本		禽，非，根	泰	芳	亓，无咎	闕復交如委如，終吉（多終字）	右，无
竹本	卦辭殘缺	此爻殘缺	此爻殘缺	此爻殘缺	僅餘「亡咎」二字	罕孚汝女蠤女，吉	右，亡

卦名	謙卦	初六	六二	九三	六四	六五	上六
今本	謙，亨，有終	謙謙，用	謙	謙	无，撝謙	富以其鄰，侵，无	謙，利，師，邑國
帛本	嗛，亨，有終	嗛嗛，用	嗛	嗛	无，譌嗛	富以亓鄰，侵，无	嗛，利，師，邑國
竹本	壓，卿，又悆	壓，甬	壓	此爻殘缺	亡，贔壓	膒昌亓答，截，亡	壓，可，帀，邦

卦名	豫卦	初六	六二	六三	九四	六五	上六
今本	豫，侯，師	豫	介，終	盱豫悔，遲有悔	由豫，有得，勿疑，朋盍簪	恒	冥豫，有渝，无
帛本	餘，矦，師	餘	疥，終	杅餘愳，遲有愳	允餘，有得，勿芤	恒	冥餘，或論，无
竹本	余，庆，帀	余	䦧，夂	可余愳，退又愳	猷余，又夏，母頬，塱欲盩	死	杲余，又愈，亡

卦名	隨卦	初九	六二	六三	九四	九五	上六
今本	隨，亨，无	有渝，有功	小，失	失，小，隋有求得，居	隨有獲，凶，有孚在，以明，何	孚	拘係之，乃，維，亨
帛本	隋，亨，无	或論，有功	小，失	失，小，隋有求得，居	隋有獲，凶，有復有，已明，何	復	枸係之，乃從，灠，芳
竹本	陵，卿，亡	又愈，又工	少遊	遊，少，陵求又夏，尻	陸又霯，工，又孚才，已明，可	孚	係而敂之（多而字）從乃，䛗，言

卦名	蠱卦	初六	九二	九三	六四	六五	上九
今本	蠱，元亨，先，後	幹，蠱，有，考，无，厲，終	幹，蠱	幹，蠱，小有悔	裕，蠱，吝	幹，蠱，譽	侯，其事
帛本	箇，元吉亨，先，後	榦，箇，有，巧，无，厲，終	榦，箇	榦，箇，少有愳	浴，箇，闌	榦，箇，興	矦，亓德
竹本	蛊，元卿，选，遂	槫，蛊，又，攷，亡，礦，夂	槫，蛊	槫，蛊，少又□	此爻殘缺	此爻殘缺	此爻殘缺

卦名	復卦	初九	六二	六三	六四	六五	上六
今本	朋，其	祗，悔	休	頻		敦復，无悔	凶，災眚，其，至于，不，征
帛本	堋，亓	提，愳	休	編		敦復，无愳	兇，茲省，亓，至（多于字），弗，正
竹本	卦辭殘缺	此爻殘缺	此爻殘缺	此爻殘缺	此爻殘缺	亯遑，亡愳	僅餘「迷」字

卦名	蠱卦	初六	九二	九三	六四	六五	上九
今本	无妄，亨，其罪，正有眚，有攸往	无妄，往吉	耕穫，菑畬	妄，繫，得，災	无	无妄，之，藥，有喜	无妄，有省，无攸
帛本	无孟，亨，□非，正有省，有攸往	无孟，往吉	耕穫，菑餘	孟，觳，得，茲	无	无孟，之，樂，有喜	无孟，有省，无攸
竹本	亡忘，卿，亓非，遆又禮，又卣迬	亡忘，□吉	靜而慬，畜之	□，□，昗，灾，	亡	亡忘，又，藥，又茶	亡忘，又，禮，亡卣

卦名	大畜	初九	九二	九三	六四	六五	上九
今本	大畜，家食	有厲，已	輿說輹	逐，艱，閑輿衛，有攸往	童，牿	豶豕，牙	何，衢，亨
帛本	泰蓄，家食	有厲，已	車說緮	逐，根，闌車衛，有攸往	童，鞠	哭豨，牙	何，瞿，亨
竹本	大坓，豪而飤（多而字）	又礦，已	車敓复	由，菫，班車戔，又卣迬	僮，樺	芬豕，囟	阿，杲，卿

卦名	頤卦	初九	六二	六三	六四	六五	上九
今本		舍爾靈龜，朵	臼顛，拂，頤，征凶	拂，凶，无攸	顛，視，耽，其欲逐逐，无	拂，居	由，厲
帛本		舍而靈龜，掖	顛，柿，北頤，正兇	柿，兌，无攸	顛，視，沈，亓容笛笛，无	柿，居	由，厲
竹本		餘尒靁龜，敚	遉，慭，北洍，征凶	慭，凶，亡卣	遉，見，蠿，亓猷攸攸，亡	慭，尻	絲，礦

卦名	咸卦	初六	六二	九三	九四	九五	上六
今本	咸，亨	咸其拇	咸其腓，居	咸其股，執其隨，往吝（多往字）	悔亡，憧，朋，爾，思	咸其脢，无悔	咸其輔，頰舌
帛本	欽，亨	欽亓栂	欽亓腥，居	欽亓腥，執亓隨，閵	悳亡，童，偱，聖，思	欽亓股，无悳	欽亓胶，陝舌
竹本	欽，卿	欽亓拇	欽亓脊，尻	欽亓脊，埶亓陞，吝	亡悬，僮，□志	欽亓拇，亡悬	欽□頌，夾脂

卦名	恆卦	初六	九二	九三	九四	六五	上六
今本	恆，亨，无咎利貞	浚恆，无攸	悔	恆其德，承之羞，吝	田无禽	恆其德	振恆，凶
帛本	恒，亨，无咎利貞	夐恒，无攸	愳	恒亓德，承之羞，闍	田无禽	恒亓德	夐恒，兇
竹本	死，卿，利貞亡咎	歔死，亡囟	愳	絚亓悳，丞亓額，吝	畋亡舍	絚亓悳	歔死，凶

卦名	遯卦	初六	六二	九三	九四	九五	上九
今本	遯，亨，小	遯，屬有攸往	執，革，勝說	係遯，有，屬，臣	遯，小人，否	遯	遯，无
帛本	椽，亨，小	椽，屬，有攸往	共，勒，勝，奪	爲椽，有，屬，僕	椽，小人，不	椽	椽，先
竹本	豚，卿，少	豚，礍，又囟	戕，革，剩发	係豚，又，礍，臣	豚，尖，否	豚	豚，亡

卦名	睽卦	初九	九二	六三	九四	六五	上九
今本	睽，小	悔亡，喪，逐，復，惡，无	遇主，巷，无	輿曳，其，掣，无，有終	睽孤，遇，孚，屬，无	悔，厥，噬膚，往，何	睽孤，豕負塗，弧，弧，罪寇婚媾，往遇，則
帛本	乖，小	愳亡，亡，遂，復，亞，无	愚主，共，无	車䎡，亓，謑，无，有終	乖芯，愚，復，屬，无	愳，登，筮膚，往，何	乖芯，豨負塗，柧，壺，非寇闗厚，往愚，即
竹本	楑，少	愳祉，□，由，遝，晉，亡	遇宝，䲹，亡	車遏，亓，□，亡，又多	楑瓜，遇，孚，礍，亡	愳，墜，豷肰，敓，可	楑瓜，豕償奎，□寇，昏佝，迬遇，則

卦名	蹇卦	初六	六二	九三	六四	九五	上六
今本	蹇	往蹇來譽	臣，蹇，罪，躬，故	往，蹇，來	往，蹇，來	蹇，朋，來	往蹇來碩
帛本	蹇	往蹇來輿	僕，蹇，非，今，故	往，蹇，來	往，蹇，來	蹇，佝，來	往蹇來石
竹本	訐	迣訐坙譽	臣，訐，非，今，古	迣，訐，坙	迣，訐，坙	訐，不，楼	迣訐坙碩

卦名	解卦	初六	九二	六三	九四	六五	上六
今本	解，无，往，其，來復，有攸往，夙	无	田獲，狹，得	負且乘，致寇，貞吝	解而拇，朋至斯孚	維，孚，	隼，墉
帛本	解，无，往亓，來復，有攸往，宿	无	田獲，狐	負且乘，致寇，貞閵，	解亓栂，俑至此復	唯，復，	敻，庸
竹本	繲，亡，遼，丌，坒復，又卣遼，佨	亡	畋寰，鼬，夏	憤橐輮，至寇	繲丌拇，（缺字）	此爻殘缺	此爻殘缺

卦名	夬卦	初九	九二	九三	九四	九五	上六
今本	揚，庭，孚，即	壯，趾	惕號，莫夜，有，恤	壯，頄，有，夬，獨，遇，若濡，有慍，无	臀无膚，其，次且，牽，悔，聞，信	陸，夬，无	无號，終有凶
帛本	陽，廷，復，節	牀，止	傷號，蓐夜，有，血	牀，頯，有，缺，獨，愚，如儒，有溫，无	脤无膚，亓，鄩胥，牽，慇，聞，信	勲，缺，无	无號，夂有兇
竹本	卦辭殘缺	此爻殘缺	啻啻，莫譽，又，岬	藏，亰，又，夬，蜀，遇，女雭，又礪，亡	訮亡肤，丌，縷疋，忯，慇，翩，多	芔，夬，亡	忘膚，中又凶

卦名	姤卦	初六	九二	九三	九四	九五	上九
今本	姤，壯	繫，柅，有攸往，凶，羸豕孚蹢躅	包，有，无，賓	臀无膚，其，次且，屬，无	包无，起凶	以杞包瓜含，有隕	姤，其，吝，无
帛本	狗，壯	毄，梯，有攸往，兇，羸豨復適屬	枹，有，无，賓	臀无膚，亓，次且，屬，无	枹无，正兇	以忌枹苽含，或塤	狗，亓，閵无
竹本	敂，藏	繫，柅，又卣遼，凶，羸豕孚是蜀	橐，又，亡，宄	訮亡肤，丌，縷走，礪，亡	橐亡，已凶	𠤷芑橐苽欽，又慇	敂，丌，吝，亡

卦名	萃卦	初六	六二	六三	九四	九五	上六
今本	萃，假有廟，亨，牲，有攸往	有孚，終，辭乃萃，號，握爲笑，恤，亡，无	孚，禴	萃如嗟如，小吝		萃，位，罪孚，悔	齎咨，洟
帛本	卒，段于廟，亨，生，有攸往	有復，終，乳乃卒，亓號（多亓字），屋于芙，血，往，无	復，濯	卒若戺若，少闐		卒，立，非復，慐	桼欳，泊
竹本	啐，箸于宙，卿，牲，又歯逬	又孚，冬，㥯卥啐，㤅，斟于芙，卹，逬，亡	此爻殘缺	此爻殘缺	此爻殘缺	此爻殘缺	此爻殘缺

卦名	困卦	初六	九二	六三	九四	九五	上六
今本		臀，幽谷，覿	朱紱，亨，征	據，蒺藜，其	吝	劓刖，紱，祭	葛藟，臲卼，動悔，有悔，征
帛本		辰，要浴，擯	絑發，芳，正	號，疾莉，亓	闐	貳橡，發，芳	褐纍，貳橡，慐夷，有慐，貞
竹本	卦辭殘缺	此爻殘缺	此爻殘缺	此爻殘缺	此爻殘缺	僅余「利用祭祀」四字	葦𦉥，劓口，迖慐，又慐，征

卦名	井卦	初六	九二	九三	六四	九五	上六
今本	井，改，无喪，无，得，往來，汔，未，繘，羸其瓶	井泥，食，舊井，无禽	井谷，射鮒，甕敝漏	井渫，食，惻，用，明，並，其	井甃，无	井洌，泉，食	井收，幕，有孚
帛本	井，茞，无亡无，得，往來，㰷，來，汲，纍亓刑垪（多刑字）	井泥，食，舊井，无禽	井瀆，射付，唯敝句	井茞，食，塞，用，明，竝，亓	井休，无	井戾，湶，食	井收，幕，有復
竹本	汬，改，亡朲亡，旻，逶埜，气，母，𩱎，纍丌鉼	汬暜飤，舊汬，亡舎	汬浴，弪犿，佳補縷	汬杕，飤，寒，呂，明，並，丌	汬鑐，亡	汬𤲃，湶，飤	汬杕，𡥈，又孚

卦名	革卦	初九	六二	九三	九四	九五	上六
今本	革，巳，乃孚，元亨，悔	鞏，革	巳，革，征，无	就，有孚	悔，孚，改	變，孚	變，革
帛本	勒，巳，乃復，元亨，慇	共，勒	巳，勒，正，无	就，有復	慇，復，	便，復	便，勒
竹本	革，改，盧孚，元羕貞，唭	婆，革	改，革，征，亡	敦，又孚	此爻殘缺	此爻殘缺	此爻殘缺

卦名	艮卦	初六	六二	九三	六四	六五	上九
今本	艮其背，獲，庭	艮其趾，无，永	艮其腓，拯其隨，快	艮其，列其夤，厲薰	艮其身	艮其輔，有序，悔	敦艮
帛本	根亓北，濩，廷	根亓止，无永	根亓肥，登亓隋，快	根其限，戾亓肥，屬薰	根亓竆	根亓胶，有序，慇	敦根
竹本	艮丌伓，奪，廷	□丌止，亡，羕	艮丌足，跫丌陵，悸	艮丌曀，剡丌衞，礵同	艮丌躬	艮丌頌，又會，慇	辜艮

卦名	漸卦	初六	六二	九三	六四	九五	上九
今本	漸，歸	鴻漸，干，小，厲，有言，无咎	鴻，磐，飲食，衎	鴻，陸，復，孕不，禦	鴻，得其桷	鴻，孕	鴻，儀
帛本	漸，歸	鳿漸，淵，小，癘，有吉，无咎	鳿，坂，酒食，衍	鳿，陸，復，繩不，所	鳿，直亓寇歌	鳿，繩	鳿，宜
竹本	灗，遉	鳿灗，醐，少，礵，又言，不多	鳿，堅，畬飲，鹽	鳿，陞，邊，孕，而，□	此爻殘缺	此爻殘缺	此爻殘缺

卦名	豐卦	初九	六二	九三	九四	六五	上六
今本	豐,假	遇其配,雖	豐其蔀,疑,孚,發	豐其沛,沫,肱,无	豐其蔀,遇,夷主	來,有,譽	豐其屋,蔀其家,闚其戶,闃,无,歲,覿,凶
帛本	豐,叚	禺亓肥,唯	豐亓剖,舒,復,恤	豐亓蘱,茉,弓,无	豐亓剖,禺,夷主	來,有,舉	豐亓屋,剖亓家,闚亓戶,叟,无,歲,遂,兇
竹本	卦辭殘缺	此餾殘缺	此爻殘缺	豐丌芇,芇,扗,亡	豐 丌 垆,叵圭	蓥,又,愳	豐丌芇,坿丌豩,闈丌屎,虩,亡,散,覿,凶

卦名	旅卦	初六	六二	九三	九四	六五	上九
今本	旅,小亨	旅,瑣,斯,其,災	旅即次,懷其資,得童僕	旅,其次,喪其童僕屬	旅,其,資	終,譽	焚,其,笑,號咷,喪,凶
帛本	旅,少亨	旅,瑣,此,亓,火	旅即次,壞亓茨,得童剝	旅,亓次,喪亓童僕屬	旅,亓,溍	冬,舉	梦,亓,芙,掠桃,亡,兇
竹本	遬,少卿	遬,贏,此,岀,愳	遬既宋,裹丌次,夏僅儳	遬,丌宋,尐丌僅儳礍	僅餘一「遬」字	此爻殘缺	此爻殘缺

卦名	渙卦	初六	九二	六三	六四	九五	上九
今本	渙,亨,假,有廟	拯,壯	渙奔其机悔	渙其躬,无悔	六,渙其群,有丘,匪夷	渙汗其,號,王居,无	渙其,去,逖
帛本	渙,亨,叚,于廟	撜	渙賁亓階愬	渙亓竀,无咎	九,渙亓羣,有丘匪娣	渙亓肝,號,王居,无	渙亓,去,湯
竹本	龑,卿,叚,于宙	拯,藏	龡走丌尻愬	龡走丌躳咎	六,龡丌羣,丌丘非台	龡丌,啚,丌尻,亡	龡丌,欲易

卦名	小過	初六	六二	九三	九四	六五	上六
今本	小，飛，大	飛	其，遇，妣，臣	防，戕	遇，戒	郊，弋，取彼在穴	遇，過，飛，離，謂災眚
帛本	少，翡，泰	翡	亓，愚，比，僕	仿，臧	愚，革	茭，射，取皮在穴	愚，過，翡，羅，謂茲省
竹本	卦辭殘缺	此爻殘缺	此爻殘缺	此爻殘缺	此爻殘缺	僅餘「取皮才坎」四字	遇，化，飛，羅，胃亦夋禕

卦名	既濟卦	初九	六二	九三	六四	九五	上六
今本	終亂	九，曳，其，輪	喪，其，茀，逐		繻，有，衣，終	鄰，如，禴，實，其福	濡，其，屬
帛本	冬乳	六，抴，亓，綸	亡，亓，發，逐		襦，有，茹，冬	鄰，如，濯，實，亓福	濡，亓，屬
竹本	卦辭殘缺	此爻殘缺	此爻殘缺	僅餘「勿用」二字	需，又，絮，冬	箬，女，酌，是，福	需，丌，磌

卦名	未濟卦	初六	九二	六三	九四	六五	上九
今本	狐，汔濟，濡，其	其杏	曳其輪	濟，征	悔，賞	无悔，孚	孚，飲，其
帛本	狐，气涉，濡，亓	亓，闌	抴亓綸	濟，正	思，商	思亡，復	復，歙，亓
竹本	卦辭殘缺	僅餘「闌」字	曻丌輪	淒，征	僅餘「貞吉」二字	此爻殘缺	此爻殘缺